夕阳红工程图书
XIYANGHONGGONGCHENGTUSHU

LVYOUXIAOFEI
ANLIJIEXI

旅游消费案例解析

北京市经济法学会 主编

肖俊兰 编著

中国社会出版社

图书在版编目（CIP）数据

旅游消费案例解析／肖俊兰编著．—北京：中国社会出版社，2009.12

（老年人依法维权案例解析丛书）

ISBN 978-7-5087-2332-7

Ⅰ．旅…　Ⅱ．肖…　Ⅲ．①旅游业—经济纠纷—案例—分析—中国②消费者权益保护法—案例—分析—中国　Ⅳ．D922.296.5　D923.85

中国版本图书馆 CIP 数据核字（2008）第 148218 号

丛　书　名：老年人依法维权案例解析丛书
主　　　编：北京市经济法学会
书　　　名：旅游消费案例解析
编　　　著：肖俊兰
责任编辑：白晓虹

出版发行：中国社会出版社　邮政编码：100032
通联方法：北京市西城区二龙路甲 33 号新龙大厦
电　话：（010）66080300　（010）66083600
（010）66085300　（010）66063678
邮购部：（010）66060275　电传：（010）66051713
网　　　址：www.shcbs.com.cn
经　　　销：各地新华书店

印刷装订：北京京海印刷厂
开　　　本：145mm×210mm　1/32
印　　　张：4.5
字　　　数：92 千字
版　　　次：2010 年 1 月第 1 版
印　　　次：2014 年 3 月第 3 次印刷
定　　　价：10.00 元

目　录

交通出行篇

旅游合同篇

购物消费篇

自助游、出境游篇

附　录

交通出行篇

核心提示

目前，我国居民国内旅游每年已达17亿人次，出境旅游接近5000万人次，游客流量巨大，旅游安全事故发生的几率增加，旅游安全成为各方关注的重点。

首先，游客面临的旅游环境更为复杂而且容易发生旅游安全事故。近年来，我国各地纷纷开发新型景区，并对旧景区进行改造升级，旅游景区的类型日益增加，其中滨海型、山岳型和生态型等景区的不安全因素较往日大大增加，景区内索道、游艇等大型现代设施的安全隐患也在增加。此外，节假日游客出游时段和地点相对集中，旅游节庆活动、促销活动不断增加，游客聚集的场所较多，针对我国出境游客的社会治安事件时有发生。

其次，旅游方式更加多样导致不安全因素增加。随着人们旅游需求的变化，旅游方式已经从过去传统的“观光时代”过渡到现在的“休闲时代”，游客更加注重体验和参与。因此，更多的人不再跟随旅游团出游，而选择自助游或者自由行，但旅行社只负责为自由行的游客预订酒店和机票，旅游期间发生的意外旅行社不承担任何责任。

最后，旅游经营秩序混乱造成安全隐患增加。在旅行社经营业务的过程中，组团社用低价吸引游客，常常以“零负团费”的形式向游客出售产品，特别是出境旅游团队中，经常不派领队人员，降低了旅游团队服务质量和安全保障。有些旅行社把团队以低价交给低资质的地接社，这些地接社常常租用价格低廉的黑车、黑导游，游客的安全得不到保障。

为此，建议游客必须强化安全意识。目前，我国游客的安全意识亟待提高。旅游行业受各种因素影响，发生事故的可能性很大。比如，夏天温度太高，冬季道路结冰，或者有些旅行社车况不好，为了拼价格将行程安排太紧，造成司机疲劳驾驶等，这些都可能成为发生事故的原因。而我国游客保险购买率非常低，有统计数据显示，相比于日本、新加坡等国70%的旅游意外险投保率，国内出境游市场上购买旅游意外险的比例仅为20%，绝大部分出游者，尤其是自助游者，都处在无保险状态。

因此，游客在外出旅游时，一要在与旅行社签订合同时，先查看该旅行社的资质，确定其拥有合法的组团资质后，再检查其旅游产品是否存在安全隐患，以及旅行社是否投保旅行社责任保险等。二要在行前说明会上认真听取有关注意事项，在行程中要听从有关人员的安全提示和劝阻，不参加安全风险大的旅游活动项目。三要主动投保有关旅游保险，需要特别注意的是，一定要关注旅游保险的免责条款。

以案说法

1. 外出旅游，应如何选择保险

【案情简介】

柳奶奶一家决定春节外出旅游，朋友建议应当购买保险，但柳奶奶认为报团的时候旅行社已经购买了旅行社责任险，不需要再投保，那么出游时到底需不需要再单独购买意外保险呢？

案例评析

目前国内旅行社投保的旅行社责任保险，保险公司只承保由于旅行社的原因对游客造成的财产损失和意外伤害，才会予以赔付，如果是因为旅客个人和其他原因造成的游客人身伤害或财产损失，保险公司将不承担保险责任。

因此，外出旅游最好要给自己和家人买一份旅游意外险来增加保障。目前，国内的保险公司开展的旅游保险业务主要有以下几种：

旅游救助保险

及时救助是旅游救助保险的最大特色，将传统保险公司的一般事后理赔向前延伸，变为事故发生时提供及时有效的救助。因此，非常适合长假期间和亲朋好友自驾游旅行。遇到车子抛锚或者交通事故，就可以尽快通知保险公司进行处理，一点儿也不会耽误旅行日程和安排。

旅游求援保险

这种保险对于出境旅游十分合适，有了它的保障，旅游者一旦发生意外事故或者由于不谙当地习俗、法规引起了法律纠纷，只要拨打电话，就会获得无偿的救助。看来，无论是对目的地国家或地区熟悉或者陌生，最好还是购买旅游求援保险，以防万一，省去不必要的麻烦。

旅游意外伤害保险

旅游意外伤害保险比较适合乘坐汽车、轮船等交通工具进行出游的游客，从检票进站或中途上车上船起，至检票出站或中途下车下船止，在保险有效期内因意外事故导致无法预计的后果时，保险公司除按规定付医疗费外，还会向遭受意外的投保人家属支付全数、半数或部分保险金额。值得一提的是，这种保险通常在你购买车、船票时实际上就已经进行了规定投保。

旅游人身意外伤害险

这是目前大多数保险公司开设的旅游保险之一，每份保险费为1元，保险金额为1万元，一次最多投保10份。是对于在旅行游玩过程中发生的意外事故进行的赔付。这种保险非常适合户外旅行者，参加一些探险游、生态游、惊险游或者极限运动时，旅客可以选择购买旅游人身意外伤害保险。

住宿游客人身保险

这是建议游客们投保的一类险种，适合在酒店或旅馆进行投宿的游客。每份1元，从住宿之日零时起算，保险期限为15天。期满后可以续保，每位游客可以购买多份，这类保险提供的保障主要有住宿旅客保险金5000元，住宿旅客见义勇为保险金1万元，为旅客随身物品遭意外损坏或被盗、被抢、丢失的补偿金200元。

另外，旅游保险的投保期限应与出行时间相匹配。如果旅游行程发生变更，游客应调整所选保险的保障期限；如果出现旅程延误、旅程取消等情况，游客应向机场或航空公司等部门索取航班更改的书面证明以及其他相关资料，以便日后向保险公司索赔。

还需注意的是，人身意外保险所约定的保险金额只是保险公司承担给付的最高保险金限额，而非实际给付金额，除航空事故能得到最高赔付金额外，其他人身意外保险都是按比例赔付。此外，很多旅游意外险对于赛马、攀岩、探险性漂流、潜水、高山滑雪、滑板、蹦极、冲浪等高风险活动“免责”。因此，旅游者在选择旅游险时，要留意保险公司推出的旅游险在分项责任的赔付方面是否有限制。

2. 旅行社是否必须为游客投保

【案情简介】

马某参加北京市某旅行社组织的“海南风情游”活动。期间，在海南省三亚市乘车观光途中发生交通事故，肇事车辆逃逸，马某脸部受轻伤。当时，导游将包括马某在内的受伤游客送到三亚医院作了初步医疗诊治，花去医疗费用等3000余元，马某等要求原旅行社赔偿。旅行社却以旅游已投保为由，通知马某前往旅游投保单位某保险公司领取保险合同约定的医疗费保险赔偿金2000元。那么马某的其他医疗费是否应当受到赔偿？旅行社的理由成立吗？保险公司的保险赔偿金能否免除旅行社的损失赔偿责任呢？

案例评析

《中华人民共和国消费者权益保护法》第三十五条规定：“消费者在接受服务时，其合法权益受到损害的，可以向服务者要求赔偿。”第四十一条又规定：“经营者提供商品或者服务，造成消费者或者其他受害人人身伤害的，应当支付医疗费、治疗期间的护理费、因误工减少的收入等费用……”而《旅行社投保旅行社责任保险规定》第五条规定，旅行社应当依法承担的下列责任投保旅行社责任保险：

（1）旅游者人身伤亡赔偿责任；

（2）旅游者因治疗支出的交通、医药费赔偿责任；

（3）旅游者死亡处理和遗体遣返费用赔偿责任；

（4）对旅游者必要的施救费用，包括必要时近亲属探望需支出的合理的交通、食宿费用，随行未成年人的送返费用，旅行社人员和医护人员前往处理的交通、食宿费用，行程延迟需支出的合理费用等赔偿责任；

（5）旅游者行李物品的丢失、损坏或被盗所引起的赔偿责任；

（6）由于旅行社责任争议引起的诉讼费用；

（7）旅行社与保险公司约定的其他赔偿责任。

而本案中的保险公司依据《旅行社投保旅行社责任保险规定》的保险对象，在先前的保险合同中约定仅对医疗费用进行保险，而马某在此次事故的食宿费、生活补助费、误工补贴费、护理费等损失却不在保险公司的赔偿范围内，如果要求马某直接向保险公司索赔势必有一部分损失无法得到补偿，是不合法的。理由是：保险合同是旅行社与保险公司签订的，其效力应当仅及于保险公司和旅行社，对于旅行社依据《消费者权益保护法》应当承担的责任来讲，是对旅游者必须依法承担的法律责任。因此本案马某的损害赔偿责任应当由旅行社全部赔偿，也就是说，应当由旅行社对消费者的实际损害进行先行赔偿后，旅行社再向保险公司和境外旅行社进行追偿。本案中的旅行社让游客马某自己前往保险公司领取赔偿金的做法是不对的。

3. 旅行社未投保游客意外身亡，法院调解，家属获赔

【案情简介】

李某与某旅行社签订旅游合同，参加出境七日游。出境后的一天晚上，同行的人发现李某呼吸微弱，经紧急抢救无效死亡。家属在处理完李某后事后，向旅行社提出保险金赔偿，但旅行社拒绝赔偿。旅行社认为李某死因不明，不属保险公司理赔范围，拒绝支付赔偿金。但家属认为既然投了保，旅行社和保险公司就

应该理赔。同时，家属事后得知，旅行社并未按合同约定为李某投保旅游意外险，使家属根本无法得到保险公司的赔偿。家属认为，旅行社未按合同约定履行其应尽义务，导致家属在失去亲人的同时，遭受不应有的损失。旅行社应对其违约行为承担损害赔偿责任。家属遂以旅行社违约为由向法院提起诉讼，要求旅行社承担应负的赔偿责任。案件结果：双方在法院的主持下，经调解达成一致意见，由旅行社一次性赔偿李某家属 4 万元。

案例评析

对于本案的情况，旅行社单方违约应负赔偿责任。

一、旅行社未按合同约定为李某投保旅游意外险，其行为已构成违约。旅游合同约定："为保证甲方的旅游安全，乙方应为甲方投保旅游意外险，旅游团报价中含此保险费。"旅行社在此条款约束下，只能严格依约履行合同内容。现旅行社并未按照合同的约定为李某投保旅游意外险，因此该行为已构成违约。

二、因旅行社的违约行为，使李某家属无法从保险公司得到保险金的赔偿，造成李某家属可得利益的损失。

保险合同属于射倖合同，即不发生保险事故，不但得不到赔偿，保险费也不会退还。因此保险金的性质，属于法律所规定的可得利益。对此，我国《合同法》第一百一十三条明文规定："当事人一方不履行合同义务或者履行合同义务不符合约定，给对方造成损失的，损失赔偿额应当相当于因违约所造成的损失，包括合同履行后可以获得的利益。"因此，对于旅行社违约所造成的此部分可得利益损失，旅行社应依法承担赔偿责任。

三、李某死亡原因不明，不影响旅行社承担应负的赔偿责任。

首先，要明确本案是旅游合同纠纷，并非保险合同纠纷。本案的结果不会也不可能关系到与本案无任何联系的保险合同。其次，旅行社并未尽到应尽的告知义务。李某家属在亲人死亡，心情悲痛欲绝的情况下，忙着料理后事，作为一个普通人根本不可能具备无死亡原因证明保险公司将不予赔偿的专业知识。因此，旅行社应负赔偿责任。

4. 旅游过程中遭遇意外，获得保险赔偿后可否要求旅行社再赔偿

【案情简介】

2005年8月1日郭某的儿子小郭代表郭某等6位亲属与被告某民航航空旅行社签订旅游合同，约定由郭某等6人参加被告组织的青岛、蓬莱、烟台、威海五日游，旅游费用为每人798元，另保险费10元，保险类别是旅行社责任险、个人意外险，双方对违约责任等其他事项作了约定。合同签订后，郭某等人支付了旅游费用，并于8月4日随旅行社组织的团队外出旅游。8月6日旅游团到达威海国际海水浴场参观，郭某自愿参加了海滨浴场下海游泳活动，期间，郭某因突发昏迷等症状被送往威海金海医院救治，诊断结论为：脑出血。被告在郭某出现意外后要求下海游客在“下海自愿书”上签名，以此证明游泳活动是游客自选的自愿参加项目，被告已履行了向游客告知安全自负的义务。该“下海自愿书”上郭某的签名是其未成年的亲属在郭某出现意外送医院后代签的。郭某经医院抢救无效于2005年8月14日死亡。郭某的三子女放弃相关的索赔权利，由郭某的妻子蒋某向保险公司及旅行社提起保险合同纠纷之诉，2006年3月法院判决保险股份公司赔付意外伤害保险金65000元、意外医疗赔偿金5000元、丧葬费赔偿金10000元。2006年6月蒋某再次提起诉讼，要求旅

行社依照《合同法》、《消费者权益保护法》及《江苏省消费者权益保护法实施细则》的规定承担旅游合同违约赔偿责任，要求判令被告退还旅游费1596元，支付医疗费12669.60元、死亡赔偿金173240元。

被告辩称，被告已经全面履行了合同约定的义务，组织旅游活动不存在任何过错。游客下海游泳属于游客自选项目，不是旅游的项目范围，同时被告对下海的危险性多次进行了告知，尽到了合同中约定的风险提示义务。原告之夫明知自己的年龄和身体状况而从事不适当的户外活动，本身存在重大过错。原告之夫旅游后反映了身体不适，被告及时处置，及时送往医院，尽到了相应的救助义务。原告之夫死亡的后果是由于其自身疾病引起，属于被告无法预料及控制的情形，故其死亡的后果与被告无关。而且原告已经在被告处投保的意外险获得了医疗费、丧葬费、死亡赔偿金共计8万余元。双方订立合同中约定原告同意被告违约的赔偿责任按国家旅游局制定的《旅行社旅游质量保证金赔偿试行标准》执行，原告诉请不符合相应的规定。合同履行过程中发生旅游事故的情形并非被告的过错，被告在上次诉讼中已经表示同意退还部分旅游费，但原告不来办理，故诉讼费不应由被告承担。综上，请求法院依法驳回原告的诉讼请求。

案例评析

游客在旅游过程中因意外死亡，保险公司作出意外险赔偿后，如果旅行社提供的服务造成游客发生意外伤害，旅行社还应当依据旅行合同承担相应的赔偿责任。如果旅行社对游客尽到了相应的安全注意义务和告知义务的，旅行社不承担赔偿责任。本

案中造成游客损害的结果不是旅行社提供的服务所产生，旅行社不应适用《消费者权益保护法》的规定进行赔偿。由于旅行社在履行告知义务手续中有欠缺，旅行社应适用《中华人民共和国民法通则》的规定承担相应的赔偿责任。保险公司对游客家属作出的意外伤害赔偿，是基于游客与保险公司双方的保险合同关系而作出的赔偿。本案旅行社在对游客履行告知义务上有瑕疵，没有在游客下海前履行提醒和告知注意安全及考虑注意自身健康状况的义务，因此，旅行社对游客的意外死亡负有一定的责任。保险公司的意外险赔偿，不能抵消旅行社的责任，旅行社还应当承担相应的赔偿责任。但在法律的适用过程中应当注意到，本案游客的死亡原因主要与其身体状况有关，游客没有充分考虑到自身年龄和健康导致损害发生，并不完全是旅行社提供的服务造成了游客的损害，下海游泳只是游客损害结果的一个诱因，故本案不能适用《消费者权益保护法》及相关的法律规定对受害人进行赔偿，应当依照《中华人民共和国民法通则》的相关规定进行赔偿。

最终，法院经审理认为，郭某等6人与被告之间的旅游合同成立。被告作为提供旅游服务的单位，应当对旅游项目的安全事项尽到相应的告知义务。在本案中，下海游客自愿书上郭某的签名是由其未成年的亲属代签，被告关于在游客下海游泳前已向游客告知安全注意义务的陈述依据不足。郭某作为一位70多岁的老年人，应当具备一定的知识和生活经验，在决定下海游泳时，对有可能发生的风险应有一定的预见性。由于郭某对自己的身体条件过于自信造成本案意外的发生，游客郭某本人应负主要责任。被告在履行安全告知手续中有瑕疵，被告对郭某的意外死亡应承担一定的赔偿责任。依照《中华人民共和国民法通则》第一百零六条的规定，判决：一、旅行社向蒋某退还旅游费1596元。二、旅行社向蒋某赔偿郭某的医疗费、死亡赔偿金合计人民币15000元。

5. 旅游保险保障财产安全

【案情简介】

张女士前往美国出差，经由洛杉矶转机至华盛顿。由于安检要求，张女士的行李在进入美国前被要求不得上锁。但当张女士到达目的地时，她惊奇地发现自己的行李被大幅翻动：两件衣物和一台摄像机不翼而飞，损失金额达7000元人民币。

当时，她就向航空公司投诉，但她得到的答复却是：受理要在45天到3个月才能得到回复，而且赔偿方案要根据乘客失窃物品的价值凭证（如发票等），进行折旧处理。这让张女士烦恼不已。

案例评析

张女士的遭遇并不是个案，美国、英国、法国、加拿大等国家海关核查非常严格，甚至要求旅客行李不能上锁。旅客在旅行中如果需要连续转机，经历的中间环节将更多，也很容易造成物品失窃。

那么，对于即将和经常乘坐飞机的商务人士如何来防范日益猖獗的“国际盗贼”呢？一般情况下，我们建议这部分商务人士通过购买旅行意外保险（旅意险）来弥补相应经济损失。

目前，市场上旅行意外险的保险责任主要为意外伤害以及意外医疗费用给付，不少保险公司在旅意险条款设计和营销方式上另辟蹊径，让旅游险凸显新意。以美国美亚保险上海分公司的旅意险为例，境内外旅游、商务旅行和海外留学等四种活动都纳入了旅行意外险范畴，构成了一个完整的产品线。

除了境内游以外，其他三款都在人身保障的基础上增加了财产保障，个人财产、旅行证件遗失和行李延误也都可从中得到补偿，充分发挥了财险公司的优势。

比如，在上述案例中，若张女士事先购买了旅游意外险，她只要在发现她的随身（包括托运）的行李、行李中物品及随身物品的确被盗窃、被抢劫或因第三方责任而被损坏，立即向当地警方报案，详细说明事情经过，凭借由警方出示的报案证明，经保险公司核实在承保范围后就可以得到相应的理赔。

同时旅客千万不要因为买了保险而掉以轻心。

因为，保险的赔偿基准是对被保险人在经济损失后的适当补偿，因此，保险公司对单件物品的赔偿额度一般是有限额的。而为防止物品遗失给旅行带来任何不同程度的不快和遗憾，贵重物品还是需要随身携带的。

此外，航空公司在赔偿时也有相应免责范围。“航空公司将不对托运行李或非托运行李内的照相机、VCR、计算机及任意其他电子设备或元件、珠宝、现金或其他类似的贵重物品负责。这些物品和药品或处方药品一样，应随身携带。”但这些内容在机票上并没有写明，因此，所有乘客应该对此给予高度重视。

6. 机票超售，航空公司难脱责

【案情简介】

2008 年 7 月，王大爷订购了一张从北京到哈尔滨的机票，准备到哈尔滨探望自己的姐姐，当日，王大爷持机票来到首都机场 1 号航站楼准备登机。但当他办理登机牌时，却被告知飞机已满员。当时的值班人员告诉他，他的机票属于超售范围。根据内部规定并遵循国际惯例，每次航班允许超售 3% ~5%。

最后，王大爷被改签到了下一班航班。王大爷认为，航空公司明知飞机已满员却继续销售机票，属于欺诈消费者，起诉要求其赔礼道歉并双倍赔偿机票款及律师费。

对此，航空公司辩称目前超售在国际国内都属于一种正常的市场销售行为。因为有些乘客在购买机票后不登机，只要不退票就可以改乘下一航班，这样就造成上一航班的空位。超售是为了避免航空公司的损失，不应被认定为是欺诈行为。

法院经过审理认为，机票超售作为国际惯例引入中国时间较短，没有在公众中形成广泛认知，乘客欲了解民航总局发布的《航空旅行指南》对超售规则的说明，必须进入中国民用航空总局的网页，再通过两级点击方可进行。相对于机票销售的特殊性和对旅客的影响而言，此种告知方式，欠缺普及性和明确性，几乎无法让不特定的社会公众了解。因此，即使存在《航空旅行指南》的超售说明，也不能免除航空公司对乘客的告知义务。并据此判决航空公司对于王大爷的损失给予赔偿。

案例评析

机票“超售”，即航空公司售出的机票多于飞机客舱座位，比如一个航班只有200个座位，但航空公司却销售出205个座位。机票“超售”是一种国际惯例，目前在国内也属正常市场销售行为。因为有些乘客在购买机票后不登机，只要不退票就可改乘下一航班，这样就造成上一航班的空位。“超售”是为了最大限度地减少飞机的座位虚耗。

国外航空公司确实有“超售”惯例，但其有两个基本前提：

一是事先告知——乘客在购买机票之时，航空公司必须告知乘客机票存在“超售”，买与不买的决定权在乘客自己；

二是事后赔偿——所有因机票“超售”而被拒载的旅客有权获得经济赔偿。如美国《联邦条例法典》规定，当被拒载的旅客在航空公司安排下乘坐另一航班，到达目的地时间比原航班晚一两个小时之间，航空公司须赔偿旅客相当于单程机票票价的金额，晚于两小时，赔偿翻番为票价的两倍。

本案中航空公司的超售行为未事先告知消费者，侵犯了消费者的知情权，因此应当对消费者的损失予以赔偿。

对于机票超售问题，各大航空公司也于近期采取了各自不同的措施来避免纠纷。最先推出机票超售补偿办法的是深圳航空公司。一封《关于航班超售致旅客的公开信》立即引起各方关注。深航的机票超售补偿办法中规定，因航班超售造成未能如期成行的旅客，深航将优先为其安排后续航班座位，票款差额多退少不补。同时，如果后续航班的规定离站时间与旅客原来所购买的深航航班的规定离站时间间隔在4小时以内，深航将给予乘客所持票面价格30%的补偿；在4小时以上8小时以内，深航将给予乘客所持票面价格60%的补偿；8小时以上给予旅客票面价格100%的补偿。深航同时规定了补偿金下限，即补偿金额低于200元时以200元为准。此外，深航还承诺提供免费舱食及住宿。

就在深航公布机票超售补偿办法后不久，海南航空和四川航空公司也先后公布了不同的机票超售补偿办法。海航机票超售补偿办法与深航类似，而川航在发生超售后对旅客的补偿办法则以经济舱全票价为补偿标准。上述三家航空公司同时规定，发生超售情况时，持有贵宾卡、老弱病残、中转联程等旅客具有优先登机的权利，购买同等折扣机票的旅客则先到先得。

早在2002年和2003年，三大航就有各自的超售补偿办法，但都基本没有明确表示其具体标准和参照办法。如东航2004年的《顾客服务计划》中对机票超售政策进行如下解释："按照国际航空界通行的做法，我们也实行航班机票超售政策。绝大多数情况下，所有旅客都能成行。但在特别情况下，可能会有个别旅客不能按时成行。对未能成行的旅客，我们将酌情采取弥补措施。"

但对于机票超售的信息披露方面，不少航空公司工作人员表示，目前在机票销售中已经对机票超售提前告知旅客。航空公司有关人士告诉记者，除了加紧修改机票超售补偿办法外，目前对机票营销人员已经特别加强了提前告知培训。

7. 行李丢失，航空公司成被告

【案情简介】

2007 年 3 月，王某搭乘某航空公司班机飞赴北京学习，到达机场后，在行李处等了许久也没有找到自己已经办理了托运的行李，随即向货运处询问，工作人员检查后告诉王某，他的行李被漏掉了，稍后将由工作人员送他到指定的地点，当天晚上，王某收到了航空公司送来的行李，但经过检查发现里面价值 4000 元的数码相机丢失了。王某随后返回机场进行交涉，双方因此发生纠纷，最终王某将该航空公司告上法庭，要求赔偿。

案例评析

一般在机场都会有所搭乘的航空公司的办事处，如果是在国外，一般也会有代理办事处。申报时需带上机票、身份证、护照等相关票据和证件。提醒乘客注意的是，托运行李在应当到达之日起二十一日后仍未到达的，旅客才有权向承运人提起赔偿请求。如果行李丢失是由于乘客自己的原因造成的，那么航空公司有权利不予赔付。属于旅客责任的情况有以下3种：

1. 没有按时办理登机和行李托运手续（航空公司要求旅客在飞机起飞前30分钟办好登机和行李托运手续）。

2. 托运行李中带有违禁物品。

3. 托运行李中有贵重物品，比如现金、票据、重要文件等（航空公司明确规定贵重物品请旅客随身携带）。

除以上三种情况外，造成行李丢失的可以认定为航空公司的责任。

根据《中国民用航空旅客、行李国内运输规则》的相关规定，国内航线经济舱，每人限托运20公斤，旅客的托运行李，每公斤价值超过人民币50元时，可办理行李的声明价值。承运人应按旅客声明的价值中超过本条第一款规定限额部分的价值的5%收取声明价值附加费。托运行李的声明价值不能超过行李本身的实际价值。每一旅客的行李声明价值最高限额为人民币8000元。如承运人对声明价值有异议而旅客又拒绝接受检查时，承运人有权拒绝收运。也就是说，如果普通的行李丢失，乘客最多能获得1000元的赔偿，即便是作了贵重物品声明并支付了附加费用，也最多能得到8000元赔偿，因此乘客托运行李时应特别注意以下几点：第一，将贵重物品随身携带；第二，如有必要，办理行李声明价值；第三，行李上标注个人标识，谨防丢失；第四，一旦丢失，及时登记报案，以便行李查询部及时查询。

8. 航班延误4小时，国航无错也得赔

【案情简介】

李老伯定于2007年6月24日乘坐某航空公司的航班自北京

首都国际机场飞往日本成田机场，并于成田机场换乘飞赴法国的航班，再改乘火车前往其旅行目的地，并预订了相应的机票和车票。

但航班实际到达成田机场时比原定时间延迟了 4 个小时，李老伯因此错过了下一班飞机登机手续的规定办理时间。进而也无法乘坐火车按时前往其目的地。

由于李老伯与航空公司就赔偿问题没有达成一致意见，故将航空公司告上法庭，但航空公司辩称，航班延误是飞机机械故障造成的，不同意原告的赔偿请求。法院经开庭审理并最终支持了李老伯的诉讼请求，判决航空公司赔偿其经济损失。

案例评析

飞机航班的延误虽然不是被告主观原因造成的，但是飞机延误 4 个多小时才到达目的地是客观事实，依据公平原则，被告应对原告给予适当补偿。2004 年 7 月 1 日，国家民航总局制定了《航班延误经济补偿指导意见》，规定航空公司因自身原因造成航班延误 4 小时以上、8 小时以内或者超过 8 小时以上，航空公司要对旅客进行经济补偿。

9. 航班突变，老人被晾德国

【案情简介】

航班改签，自己却并不知情，而更要命的是，原定航班的起飞时间恰好是赴德签证的最后一天，“幸好能够将护照延期一天，否则我就成了非法滞留。”今年 80 多岁的李奶奶谈起自己的遭遇，简直是一肚子气。而律师表示，即使乘客是从代理公司买的票，航空公司仍有告知的义务。

在李奶奶家中，她拿出自己的机票，上面贴着两个白色纸条，上面显示：8 月 18 日从汉诺威飞慕尼黑，当日 15 时在慕尼黑搭乘国航 CA962 飞回北京。揭下纸条则能够看到，飞回北京的航班原为 8 月 17 日。

李奶奶 5 月份到德国看望女儿，8 月 17 日 11 时，女儿到达汉诺威机场为母亲送行。办理登机手续时，女儿向机场询问是否能在慕尼黑帮助母亲转机。机场在查询后表示，这架航班是第二天，当日没法回国。“签证就到 8 月 17 日，回不去就过期了。”李奶奶一听，当时差点犯了心脏病。

经过 4 个小时的交涉，德国移民局到机场为她开具一份延期离境的文件。同时，两架航班都改签。办完所有手续后，女儿将她接回家中。此时已经接近 21 时。李奶奶说：“因为担心第二天航班再次出现问题，我一夜没睡。”

在原定离德时间的 24 小时后，李奶奶登上了飞往北京的航班。8 月 19 日回京后，她的心情并没有舒畅起来。她告诉记者，去年老伴儿去世，儿子不在身边，家里只有她一个人。所以，她去德国看女儿。购买机票是通过一家代理公司，回国后，儿子与代理公司联系过，对方表示出票时并不知情，应该与航空公司交涉。

案例评析

飞行计划改变，航空公司通常会通过发短信的方式告知乘客航班变动。但如果购买时留的是固定电话，或者是从代理公司购买的，可能会出现通知不到的情况。李奶奶可以到国航投诉部门进行投诉。

购买机票后，乘客与航空公司达成运输合同关系，航空公司承担相应的责任和义务。不论代理公司与航空公司在通知的问题上有任何内部规定，最终没有得到通知，乘客都可以向航空公司维权。

10. 旅游途中车祸受伤，旅行社担直接责任

【案情简介】

全家出外旅游本是好事，但李先生一家五口却因旅行社车辆出现事故而不同程度受伤，为此将旅行社告上法庭，而旅行社认为自己已全面履行了合同的义务，不存在违约行为。事故是司机违反驾驶规范所致，全部责任应由司机负责，拒绝李先生的赔偿要求。

案例评析

旅游车上的司机，在履行旅行社安排的工作时驾驶超速，导致事故发生，是一种职务行为，责任应由其职务行为的派遣者旅行社承担。

《消费者权益保护法》规定：“消费者在接受服务时享有人身、财产安全不受损害的权利，即消费者享有安全权。”并规定：“经营者提供商品或者服务，造成消费者或其他受害人人身伤害的，应当支付医疗费、治疗期间的护理费、因误工减少的收入等费用。”

并且旅游合同是一种特殊的服务合同，游客的人身安全应当属于旅游公司的服务和质量标准，被告负有将原告等所有参团人

员安全运送到目的地的义务，这是旅游合同中的特殊服务和质量要求。原告在被告安排的行程中发生交通事故，虽然旅行社本身没有侵权，但其没有将原告安全送达即没有将其义务履行完毕，因此应当承担由此产生的违约责任。

最终，法院判决由旅行社向原告支付残疾赔偿金、误工费、住院伙食补助费等共计人民币6万余元。

11. 机票标志不清，谁担责

【案情简介】

在上海市售出的机票上“PVG”代表始发地点浦东机场，“SHA”表示虹桥机场，乘客李女士分辨不清，走错了机场，延误了航班，导致了经济损失。法院最终支持了该乘客的诉讼请求，认定被告航空公司机票出发地点标志不清，造成乘客失误，侵犯了消费者应该享有的知情权，应该对乘客的经济损失承担赔偿责任。法院还依法向航空主管部门发出了修改机票文字的司法建议。中国民用航空总局迅速采纳了法院的建议。

案例评析

机票地名用英文代码标注，是国际上通用的惯例。我国之所以这样做，也是考虑到与国际接轨，更好地融入到国际市场之中。但是，无形之中为那些不了解内情者带来不便。这位女乘客就是因为分辨不清，致使走错机场，延误航班。从女乘客提起诉讼，到法院判决并发出司法建议，再到最后民航总局采纳建议，整个过程都值得我们关注，发人深思。可见，消费者在日常消费中应当时时刻刻注意维护自己的权利。

第一，要敢于对存在的问题提出质疑。存在并非都是合理的。英文标注的惯例由来已久，这位女乘客绝非是第一个因此而受到损失的。但好多人在遇到这种情况时，都是哑巴吃黄连，自认倒霉，从来没有人想到这种标注有没有什么不妥。他们太过于迷信权威，宁愿相信一切错都是自己造成的。长期以来，竟没有人对此提出异议。

第二，要学会通过法律途径维护自己的权益。在现代社会，知情权是公民享有的一项基本权利。消费知情权是指消费者在购买、使用商品和接受服务时有权对商品和服务的有关真实情况进行全面和充分的了解。乘客也是消费者，他们有权清楚地知道飞机的始发、到达地点。由于汉字是我国的通用文字，相当一部分乘客只懂汉字不懂英文。单纯的英文表示就损害了这些乘客的知情权，因此而造成的损失自然应由民航公司承担。

12. 无偿乘本单位车辆外出办私事，受伤后可否索赔

【案情简介】

2007 年 12 月，甲公司司机张某因公驾驶本公司车辆去武汉拉货，该公司职工严某在张某默许下随车办私事。当晚 10 时许，张某驾车发生事故，致使严某及随车的本公司职工多人受伤。事故发生后，严某共住院 150 天，甲公司垫支医疗费 10 万余元。期间，交警部门认定张某违章驾驶，应负全责。严某出院后提起诉讼，要求甲公司除支付医疗费外，另赔偿其残疾生活补助费、残疾用具费等共计 40 余万元。

案例评析

本案中，甲公司承担全部赔偿责任。根据《道路交通事故处理办法》的有关规定，交通事故责任者对交通事故造成的损失，应当承担赔偿责任，但是，机动车驾驶员在执行职务中发生交通事故，负有交通事故责任的，由驾驶员所在单位或机动车所有人承担赔偿责任，单位或所有人赔偿后，可向驾驶员追偿部分或全部费用。这个规定的本身就是为了充分而全面地保护受害人的合法权益，使受害人的损失获得最大限度的赔偿，而本案的司机张某系职务行为，又在该事故中负全责，甲公司作为张某的所在单位理应对张某的行为承担全部赔偿责任。当然，甲公司在对严某承担全部赔偿责任后，可依法向司机张某追偿。可见，严某的损害所应获得的赔偿，不能因为与其同乘一车的因公出差的公司职工而受到任何影响。而实际上，由于交通事故而引起的伤亡保险待遇，并不低于交通事故赔偿的标准，因为根据我国劳动法劳动保护方面规定的精神，因交通事故赔偿给付的死亡补偿费或残疾生活补助费低于工伤保险的一次性死亡补助金或者一次性伤残补助金的，由企业或者工伤保险经办机构补足差额部分。由于交通肇事者逃逸或其他原因，受伤害职工不能获得交通事故赔偿的，企业或者工伤保险经办机构按照本办法给予工伤保险待遇。由此可见，职工因交通事故受到伤害引起的工伤保险待遇并不低于交通事故损害赔偿的标准。严某起诉应获得的赔偿不能因其他任何原因而打折扣，否则就有悖于立法精神和规定。

13. 游客遭遇车祸，旅行社赔偿56万元

【案情简介】

姚奶奶参加了某旅行社集团有限公司安排的30人成都、九寨沟、黄龙双飞五日游。在游览过程中，姚奶奶等游客乘坐的大客车由于雨天路滑、司机超速等原因，该客车从盘山道上翻下30米深的农田里，车内乘客不同程度受伤，姚奶奶受重伤。

事后，姚奶奶认为组团的旅行社负有保障游客人身、财产安全的法定义务，姚奶奶的女儿将该旅行社告上法院，并索赔80余万元。旅行社在法庭上认为，姚奶奶不是个人与旅行社签订的合同，发生事故是其他公司的车辆运营过失，所以无论从合同角度还是从侵权角度，旅行社都不应当承担责任。

四川地区负责接待的旅行社认为，伤者没有与其签订旅游合同，事故发生是车辆驾驶人的过失，所以他们也与案件无关，不同意承担赔偿责任。肇事车辆所有人及运营方运输集团公司提出，出事车辆是挂靠在其公司名下，他们在出事后已经花费了40余万元，不同意继续承担责任。

案例评析

旅游经营者对经其同意参加旅游的游客，负有照顾、保护等义务。同时，由于旅游合同的实际提供服务者大都不是旅行社本身，如负责异地旅行的是当地旅行社，住宿、餐饮由专门的酒店、运输公司负责。但在这些法律关系中，除非游客直接与当地接待旅行社、住宿、交通等单位发生交易，否则全部行为均视为由旅行社提供，由旅行社直接承担法律后果。旅行社、地接旅行

社、运输公司之间的责任分担，属三方的内部责任分担问题，应另案处理。

14. 搭乘公交出游被窃，可否要求公交公司赔偿

【案情简介】

刘大爷乘坐某佳运公交有限责任公司经营的1路公共汽车。上车后，售票员让刘大爷坐其座位。车行至车站停站时，有部分乘客上下车，车启动后，刘大爷发觉外衣在动便往后看，发现一男子的手正往后缩，刘大爷本能地摸一下自己装钱的口袋，发现外衣和里边的皮衣被人划破了口，装有现金的钱包被盗，刘大爷立即抓住小偷并与其扭打在一起，而小偷趁下一站开门之机下车逃跑。此事发生后，刘大爷立即到派出所报案，并多次找公交公司解决，未有结果，最终将其告上法庭。

刘大爷认为，自己发现小偷往车后门跑叫抓住小偷，不准开车门，而正在这时该司机却把车门打开故意让小偷跳车逃跑。事后，他要求售票员一起到派出所报案也遭到拒绝，且在多次找其赔偿损失时推诿和躲避，故诉请赔偿被盗的现金1708元、钱包35元、大衣1件190元、皮衣1件380元、误工费1500元、精神抚慰金5000元。

公交公司认为，被告只有把乘客安全送到目的地的义务，而无义务保证乘客的财产安全，因此拒不赔偿。

案例评析

法院经审理认为，刘大爷购票乘坐公交车，双方之间即建立

城市公交运输合同关系，承运人依法负有及时、安全运送旅客及尽力救助遇险旅客的义务。刘大爷在被告的车上被小偷划烂衣服财物受损并且遭到殴打的事实存在，且因公交公司的相关工作人员未能采取有效措施，抓住小偷，造成刘大爷被盗财物追回的可能性极小，对此，某佳运公交有限责任公司存在过错，应予适当赔偿。

15. 出游遭遇车祸，可否要求客运公司赔偿

【案情简介】

2008年年底，刘奶奶与老伴乘坐某客运公司的客车前往外地旅游，途中汽车与一火车相撞，致使刘奶奶重伤，花费医疗费用6万余元，且还需手术。后经交警部门认定，此次事故客车负次要责任，火车负主要责任。刘奶奶该如何要求赔偿呢？

案例评析

本案中刘奶奶如果通过诉讼的途径维护权利可以有两种选择。

首先，可以依据《民法通则》的规定提起侵权之诉，那么作为交通肇事方，运输公司和货车的责任人为共同侵权人，对于造成的损害应当承担连带的赔偿责任。刘奶奶可向任何一方提起诉讼，要求赔偿其全部损失。

另外，刘奶奶也可依据其与运输公司之间的运输合同关系向运输公司提起违约责任之诉。运输公司有义务将购买了车票的旅客安全送到目的地，本案中运输公司由于事故的发生

没能履行该义务，我国《合同法》第一百一十三条规定："当事人一方不履行合同义务或者履行合同义务不符合约定，给对方造成损失的，损失赔偿额应当相当于因违约所造成的损失，包括合同履行后可以获得的利益，但不得超过违反合同一方订立合同时预见到或者应当预见到的因违反合同可能造成的损失。经营者对消费者提供商品或者服务有欺诈行为的，依照《中华人民共和国消费者权益保护法》的规定承担损害赔偿责任。"因此，刘奶奶有权要求运输公司赔偿全部损失。同时，需要提醒广大老年朋友的是，根据我国《民法通则》的规定，因人身伤害赔偿提起的诉讼，其诉讼时效为一年。

旅游合同篇

◈ 核心提示

外出旅游已经日渐成为老年朋友日常休闲的常见选择之一，与旅行社签订合同的过程中有以下几点需要特别注意：

1. 未经协商，旅行社擅自改变行程计划，游客可以依据合同约定予以拒绝或要求赔偿，并可向消费者协会投诉或向法院起诉。旅行社在合同中声明："在保证不减少行程的前提下，保留调整行程的权利。"这样的声明虽然根据合同法规定有可能被认定为无效，但是为了避免争议，最好要求旅行社删除该条款。

2. 旅游者与旅行社签订合同后，旅行社不得擅自将旅游者转让给其他旅行社，因为旅游消费者选择旅行社大都相信该旅行社已建立的信誉。如果旅行社将旅游业务擅自转让给其他旅行社，将使旅游者的权益处于一定的危险之中。

所以未经旅游者同意，旅行社不得转让旅游者。未经旅客同意，旅行社私自转让旅游业务，导致服务质量降低或发生意外伤害、财产损失，原来的旅行社应当承担合同责任。

3. 在旅游过程中，游客一定要妥善保管好自己随身携带的物品。如果将物品交给旅行社保管，则物品丢失可向旅行社要求赔偿，如果没有交给旅行社保管，但办理了旅游意外保险，则物品丢失可到保险公司办理理赔事宜。

4. 特别注意的是旅行社责任险≠旅游意外险。因为旅行社责任险的被保险人是旅行社，而不是旅客。因此，旅客是不能直接向保险公司要求赔偿的。

5. 在和旅行社签订旅游协议时，应该在合同中明确指明需要旅行社为其投保的险种，如人身意外伤害险、交通意外伤害险等；另外，旅客还可以自行向保险公司投保旅游意外伤害保险，以使自己的权利能得到充分保障。

6. 游客报名参加旅游，为防止旅行社取消旅游，应当在交费用时和旅行社签订书面合同，明确如因旅行社的原因而取消旅游时旅行社应当承担的违约责任。即排除了上述法律规范的适用。

7. 游客应当对各旅游景点的安全性问题有充分的认识。风景的迷人秀丽常常伴随着山高路险的地理特点，许多旅游名胜区也是因为地形险峻奇特而吸引游客，这种情况下也就导致了人身损害风险的剧增。如果出现人身损害，尽量收集证据是游客的当务之急。游客应当在出现意外之后，尽量收集一些证据以备涉诉之用。譬如说，可以请目击者、参与抢救者留下联系方式，可以用随身携带的相机拍下现场照片等。事实上，“120”的出诊记录、入院治疗的病例资料等均可作为诉讼证据。

以案说法

1. 遭遇旅游纠纷，应如何解决

【案情简介】

王奶奶报名参加了某旅行社组织的东南亚七日游，但在旅游过程中，在住宿等许多细节安排问题上与旅行社发生纠纷，王奶奶认为旅行社没有按照合同的约定安排行程，那么她可以通过什么途径维护自己的合法权益呢？

案例评析

对旅行社不按合同办事引发的纠纷，游客可通过三条途径维护自身合法权益。

其一，可到当地旅游执法部门投诉。如果游客已旅行归来，可向旅行社所在地的旅游执法部门投诉。执法部门在接到诉状后，将在7个工作日内作出是否受理决定，受理后24小时之内转给被投诉单位，要求在30日内与投诉人协商解决，并将处理结果回复执法部门。

其二，也可向消费者协会投诉。投诉信要写清投诉人的姓名、地址、邮编、电话号码，被投诉方的单位名称、详细地址、邮编、电话号码及投诉事件经过及有关凭证。

其三，也可向人民法院提起诉讼。向法院提起诉讼并已被法院受理的案件，消费者协会、执法部门将不再受理。

本案中，王奶奶可以首先选择用书面或者口头形式向旅行社所在地的旅游局提出投诉。投诉信应当包括以下内容：一、投诉者的姓名、性别、国籍、职业、联系方式；二、被投诉者的名称、联系方式；三、投诉事由；四、具体赔偿要求；五、相关证据材料，如合同、门票、车票、发票等。同时应当注意的是向旅游投诉机关投诉时效为60天，即从投诉者知道或应当知道权利被侵害时算起60天内提出投诉，如遇特殊情况，旅游投诉管理机关可以适当延长投诉时效期间。但如果超过了这个期限，就只能向旅行社注册地法院提起诉讼了。

而无论是通过投诉、仲裁还是诉讼的方式解决旅游纠纷，消费者都应注意保存相关的证据，主要包括：第一，与旅行社签订的有关协议及约定，主要包括旅游合同、行程表、发票等。第二，旅游中权益受到侵害的事实凭证，如车船票据、门票、购物发票等，也包括相关的物证、声像资料等。游客可利用自身携带的照相机、摄像机、录音笔等及时记录侵害发生时的情景，以作为维护自己权益的证据。

2. 签订旅游合同需要注意哪些问题

【案情简介】

李大爷与老伴一起报名参加了某旅行社组织的港澳五日游活动，根据旅游合同的内容，参观的主要景点应当有 14 个，并提供四星级酒店住宿、来回双飞，豪华空调大巴。但是在旅行过程中，旅行社并未提供相应的住宿、出行待遇，返回后，李大爷因此与旅行社发生了纠纷，那么在签订旅行合同时有哪些注意事项呢？

案例评析

参团旅游图的是放心省事，签订一份正规有效的旅游合同，是旅游维权的重要凭证，是产生纠纷时保障旅游权益的最有效证据。可是很多朋友在签订旅游合同的时候没有注意细节，结果发现被旅行社或者导游拿着旅游合同堵得哑口无言。那么在签订旅行合同时，我们应当注意哪些事项呢？

第一，要找一家资质齐全的旅行社。

在签订旅游合同时首先要对旅行社的资格进行查证，看它是否“四证”齐全，“四证”是指旅游经营许可证、质保金交纳证明、旅游保险保证书、营业执照，这是签订旅游合同的第一基本要素。

尽量选择经营经验丰富的正规旅行社，因为这些旅行社不仅有成熟的经验可以利用，在选择对方地接旅行社时也有借鉴的经验。如果对方地接旅行社资质较好，所用的车辆和导游、司机等都会比较正规，事故的隐患就会大大减小。

多观察旅行社内的工作人员。签订旅游合同前一定要与旅行社面谈，询问相关费用等细节，多假设一些可能遇到的问题，看看旅行社的反应，是否集中注意力帮助你；看看办公室周围，其他工作人员与顾客交谈是否从容，是否功利心强劲只看重顾客是不是要预约参团；观察旅行社办理程序是否规范。

第二，将所有约定都写进合同。

不要轻信旅行社的广告和口头承诺，不要怕惹人嫌，将所有约定写进合同是旅游维权的基本证据，具体说来就是把旅行日程安排、路线、价格、交通工具、住宿和就餐标准、购物次数与时间以及违约责任等内容用书面形式予以确定。旅游涉及面庞杂，所以旅行社一般提供的都是示范文本。签合同时，要仔细阅读合同条款，对个别条款有争议或没有约定的，可以另行约定，合同后面附上一份详尽的行程单也是必要之举。

第三，仔细研究旅游合同条款。

很多人在选择旅行社签合同时，主要考虑价格因素，其实价格低背后往往有低的理由，一个理性的人在选择时应该主要考虑性价比，所谓一分价钱一分货，不能一味地贪图便宜，研究旅游合同条款是避免跳进“低价”陷阱的不二手段。在食宿标准、路线、交通工具都约定好的前提下，研究旅游合同条款应明确以下内容：

首先要明确费用包含的项目。一般团费会包含来回交通费、餐费、住宿费、景点门票等等，除此以外一定要明确问清楚团费包不包含燃油附加费、机场建设费、签证费、港务费等，这也是一笔不小的费用；还要明确哪些属于自费景点，是否包含上山门票、缆车费用等，因为重要景点改为自费项目也是降低团费的一种手段。

其次要明确购物安排。研究旅行线路中的购物时间、购物次数与游玩时间的比例，如果购物时间、次数过多，一定会造成景点游玩的时间缩水等情况。例如笔者在香港就曾经被购物店抢占了游玩时间，在海洋公园中只匆匆待了两个小时而已。

再次要辨明是景点还是购物店。很多旅行社会将购物店模糊处理，对外宣称无购物、纯玩团等，结果缴纳了更高额的旅游费用后还是无可避免地走入导游安排的购物店。在研究旅游合同条款的时候一定要注意"某某研究所、某某展销会、某某生产厂"等字眼，这往往是购物店的代名词。

最后避免为免费景点埋单。您有过这样的经历吗？合同上罗列了丰富的景点，结果一路走来才发现竟然都是不需要门票的免费景点，需要收费的景点都得自己掏钱。（这是笔者港澳五日游的惨痛经历）所以不要第一次去旅行社咨询就草草签合同，不妨先回家上网查查这些景点的真实情形。

第四，不要轻易告知职业。

这是一个做导游的朋友亲口告诉我的：因不同客人购物能力不同，市场上很多旅行社长期存在给赴澳旅游团中儿童、老人、律师、教师等加价的旅游潜规则。

3. 旅行社取消旅行计划，游客应如何应对

【案情简介】

甲公司为刘大爷等20位离退休老干部报名参加某旅行社的海南七日游活动，2008年7月与该旅行社业务员王某联系，并签订了旅游合同，约定9月底发团，并交纳了5万元的预付款。但

约定的发团日期前，旅行社却通知说由于海南接待能力有限，返程机票无法保证等因素，原定的旅游计划只能取消，为此，公司只能自行组织老干部出游，比原计划花费增加近一倍。后该公司向当地旅游质量监督局提出投诉，旅游质量监督局经审理，认为旅行社应当承担违约责任，依照合同的约定向该公司支付预付款的10%作为违约金，而甲公司认为旅行社的行为给他们造成的实际损失远远大于违约金的金额，应当按照实际损失予以赔偿，并基于此，将旅行社告上了法院。

案例评析

本案中，双方签订的旅行合同，主体合格、内容合法且基于双方真实的意思表示，因此对于双方均具有法律约束力，双方都必须依约履行合同的义务。旅行社的行为属于单方面终止合同，明显构成违约，应该承担相应的违约责任。但是类似这种情况，究竟是只支付10%的违约金还是要赔偿游客的实际损失呢？从我国法律规定来看，违约金的性质主要倾向于补偿守约方因对方违约所造成的损失，约定违约金数额不足以补偿损失的，对于不足部分，守约方可以要求人民法院或者仲裁机构予以增加，或者可以直接主张赔偿损失。总之最终得到赔偿的金额应当相当于因违约造成的损失——包括合同履行后本可以获得的利益，但不超过违约一方在订立合同时预见到或者应当预见到的因违约可能造成的最大损失。

最终，法院判决旅行社赔偿甲公司的实际损失4万元，并返还该公司交纳的5万元预付款。

4. 因道路危险更改旅程，旅行社是否违约

【案情简介】

赵某报名参加旅行社组织的九寨沟、黄龙旅游团，同该旅行社签订了国内旅游组团标准合同，并缴团款4900元。同年10月2日，赵某一家5人在该旅行社的组织下与20多个游客从成都出发旅游，在游览九寨沟后赶赴黄龙时，因下雨、修路、山路危险，导游提出取消去黄龙的游程，改游牟尼沟。由于意见分歧，赵某没有按旅行社安排改游牟尼沟。旅游结束后，赵某以旅行社违约取消黄龙景点为由向旅游质量监督管理所投诉，旅游质量监督管理所因投诉理由不充分而没有受理其投诉。赵某不服，诉至法院，要求被告退还原告已付旅游费4900元，赔偿经济损失6900元及交通误工费用200元。

旅行社称下雨、修路、塌方等情况是询问从山上下来的游客与司机得知的。导游考虑到游客的生命安全，在征得车上28名乘客同意（仅原告5人持反对意见）的情况下才取消了黄龙之行，主动将黄龙门票等费用退给游客，有20多名乘客当时的证词及签名为证，证明事发当时确系因自然不可抗力不能成行。按照《导游人员管理条例》规定："导游人员在引导旅游者旅行、游览过程中，遇有可能危及旅游者人身安全的紧急情形时，经征得多数旅游者的同意，可以调整或者变更接待计划。"变更接待并无过错。

案例评析

旅行社组织旅游是群体行为，当然得以大多数人的利益为重。在游览过程中，因为天气原因车辆无法到达黄龙，导游在征得车上

多数旅游者同意之后改游牟尼沟，虽原告5人不同意，但并不影响导游在特殊情况下按大多数游客的意见作出新安排。旅行社提供了20多名乘客当时的证词及签名为证，证明事发当时确系因自然不可抗力不能成行。《导游人员管理条例》第十三条规定："导游人员应当严格按照旅行社确定的接待计划，安排旅游者的旅行、游览活动，不得擅自增加、减少旅游项目或者中止导游活动。导游人员在引导旅游者旅行、游览过程中，遇有可能危及旅游者人身安全的紧急情形时，经征得多数旅游者的同意，可以调整或者变更接待计划，但是应当立即报告旅行社。"第十四条规定："导游人员在引导旅游者旅行、游览过程内，应当就可能发生危及旅游者人身、财物安全的情况，向旅游者作出真实说明和明确警示，并按照旅行社的要求采取防止危害发生的措施。"导游员改变计划是根据部门规章制度所作出的，不但有不可抗力的理由和大多数游客的证明，而且也是为了游客安全着想，因此旅行社没有过错。

从法律的角度而言，《合同法》规定，合同遇不可抗力时可以解除，但对方必须拿出充足的"不可抗力"的证据。解除合同后，旅行社应退还相应的旅行费用，但需其主观没有过错。谈到具体的自然灾害，虽然现在法律上有一定的规定，比如刮风、下雨、地震等属"不可抗力"，但对于这些自然灾害应达到什么样的程度才能称之为"不可抗力"，却暂时只是一个模糊概念，没有具体的规定。

法院经审理认为，赵某等起诉理由不充分，法院不予支持，并依法驳回了其诉讼请求。

5. 旅行社能否与未成年人单独签订合同

【案情简介】

刚刚初中毕业的刘某，想要与同学一同去新疆游玩，经过多家比较，与某旅行社签订了旅行合同，并且交纳了4000元的团费，其父母得知后不同意，要求旅行社退还团费，几经交涉，双方未达成一致意见，最终向当地旅游质量监督管理所投诉。旅行社到底能否与未成年人单独签订合同呢？

案例评析

根据我国《民法通则》的规定，刘某已满10周岁未满18周岁，属于限制民事行为能力人，不能独立签订旅游合同，必须得到其法定代理人即其父母的追认，合同方才有效，否则，合同因主体不合乎法律的规定而无效。同样的情况，如果是10周岁以下的未成年人签订的旅游合同，则应直接认定为无效，因为10周岁以下的未成年人在法律上属于无民事行为能力人。

因此，根据我国《合同法》第五十八条的规定："合同无效或被撤销后，因该合同取得的财产，应当予以返还；不能返还或没有必要返还的，应当折价补偿。有过错的一方应赔偿对方因此所受到的损失，双方都有过错的，应当各自承担相应的责任。"

本案中，由于刘某的行为没有得到其法定代理人的追认，因此无效，旅行社应将团费返还。

6. 广告内容可否构成合同

【案情简介】

李奶奶看到某旅行社在报纸上刊登的广告，内容称全程由豪华空调中巴接送，入住三星级酒店，但实际旅游过程中，入住的酒店均非星级酒店，且乘坐的车辆均是普通中巴车，回到北京后，李奶奶就此事与旅行社进行交涉，但旅行社以未与李奶奶签订书面的旅游合同，广告内容不构成合同为由拒绝赔偿。双方因此产生纠纷。

案例评析

根据我国合同法的相关规定，当事人订立合同要采取要约和承诺的方式。所谓要约，是指希望和他人订立合同的意思表示，判断广告是否具有合同效力要看这则广告是否符合《合同法》对要约的要求。第一，内容确定具体；第二，表明经受要约人承诺，要约人受该意思表示约束。本案中的广告，包括了具体的行程、食宿、车辆标准等，应当认为构成了一个有效的要约，李奶奶虽然没有与该旅行社签订书面合同，但是已经交纳了团费，且参加了旅行，应当视为合同成立并且已经履行，而旅行社未能按照广告内容提供服务，即应视为违反合同的约定，需要承担违约责任。

7. 口头承诺不可轻信

【案情简介】

刘奶奶从外地来到北京，与在京工作的女儿、儿子一起报名参加了某旅行社组织的港澳五日游。他们都办理了港澳通行证，但由于户口不在北京，按照国家相关规定，去香港要到户口所在地出入境管理局办理签证。当时他们觉得此事稍微有些麻烦。但旅行社负责接待的工作人员承诺可以给他们代办签证，于是三人就马上交了团费并签订了合同。

但当母子三人随团到深圳海关准备出关时，却被海关工作人员告知："通行证未在户口地签证，不能给予放行！"原来，该旅行社根本就没帮他们在原籍办理港澳通行证的签证。

刘奶奶的女儿马上联系旅行社，却被告知要他们在深圳原地停留，3天后去珠海和旅行团一起回京，回北京后再行解决并承诺在合适的价位下承担三人在深圳的开销。

但回到北京后，旅行社的工作人员却表示公司已经春节放假，无法解决。春节过后，刘奶奶找到旅行社理论，而旅行社完全不承认自己的承诺。

案例评析

目前旅行社合同文本中的文字游戏很多，游客很容易受蒙蔽，而监管部门必须依照合同来查办，所以遇到这种情况，游客往往只能吃哑巴亏。比如像刘奶奶遇到的这种帮助办理异地签证的口头承诺，只要没有写到合同里，刘奶奶就不具备追究旅行社法律责任的前提和条件。

因此，游客在参加旅游团的时候一定要擦亮眼睛。注意合同文本细节，对于旅行社的所有承诺，不能停留在口头上，一定要写到合同里方才有效。要懂得科学保护自己的权益。

赴香港或澳门探亲、旅游、培训、就业、学习、访问或从事商务等非公务活动，需申办《中华人民共和国往来港澳通行证》和相应签证。持身份证或户口簿到户口所在地派出所，或公安分（县）局出入境管理部门领取《申请表》，按照附发的办理须知要求填写申请表，属于登记备案的国家工作人员须出具单位意见并加盖公章，除个人赴港澳旅游申请外，需准备与赴港澳事由相应的证明材料。

本人携带全部原件和A4规格的复印件，到当地公安局出入境管理处受理点提交申请。申请时须提交填写完整的申请表原件，贴近期2寸淡蓝色背景彩色证件照1张；与出境事由相应的证明材料；户口簿、居民身份证原件和户口簿首页、本人资料页、变更页和居民身份证的复印件。5个工作日后，携带本人户口簿、身份证和取证回执单领取。《港澳通行证》有效期是5年。旅游签证自签发之日起3个月内有效，可以一次入出境。在《港澳通行证》有效期内可以多次申请旅游签证。持有效证件再次申请旅游签证，无须提交单位或者派出所意见，但仍要到通行证申请地申请签证。

8. 旅游维权选择多

【案情简介】

曲大爷参加当地一家旅行社组织的“黄山三日游”旅游团出游。途中在旅行社指定的饭店用餐时，因饭店内楼梯台阶湿滑，曲大爷不幸滑倒导致右手臂骨折，住院治疗花去医疗费4600余元。伤愈后，曲大爷要求旅行社赔偿，旅行社以游客摔伤是自己未尽注意义务为由拒绝承担赔偿责任。由于双方无法达成一致意见，曲大爷向法院提起诉讼，请求判令旅行社支付医疗费4600元。法院经审理认为，曲大爷参加旅行社组织的旅游，并按规定支付了有关费用，双方形成了旅游消费合同关系，旅行社应对游客的人身及财产安全负有保障义务。因此，旅行社对曲大爷的伤害的发生负主要责任，应承担医疗费的大部分；曲大爷本人在旅游过程中也负有注意义务，故其亦应对造成的伤害承担相应的责任。据此，法院依照《消费者权益保护法》的规定作出一审判决，原告的医疗费4600元，由旅行社承担2760元。

一审判决后，曲大爷不服并及时提出了上诉。二审法院经审理认为，上诉人交付了旅游费用，与旅行社形成了旅游服务合同关系，旅行社在其提供的服务过程中，负有保障旅游者人身安全的义务。因被上诉人指定用餐的饭店楼梯湿滑，导致上诉人跌倒受伤，系旅行社提供的服务条件存在瑕疵，违反了合同义务，应承担违约责任，全额赔偿曲大爷的损失。据此，二审法院依照合同法的规定，作出如下终审判决：撤销一审判决，旅行社赔偿曲大爷医疗费 4600 元。

案例评析

同是一起旅游纠纷，为何一、二审法院的判决结果不同呢？原因就在于两审法院选择适用的法律不同。本案中，一审法院选择适用的是《消费者权益保护法》，该法第三十五条第三款规定："消费者在接受服务时，其合法权益受到损害的，可以向服务者要求赔偿。"此规定是指经营者的服务导致消费者权益受到损害的情况，是关于侵权责任的规定。一审法院按照这一侵权民事责任的规定，根据当事人的不同过错程度，对受害人的损失在当事人之间进行了相应的分担，由旅行社承担大部分损失，赔偿 2760 元。二审法院选择适用的是《合同法》，该法第一百二十一条规定："当事人一方因第三人的原因造成违约的，应当向对方承担违约责任。当事人一方和第三人之间的纠纷，依照法律规定或者按照约定解决。"从这一规定可以看出，认定是否违约不需要考虑侵权责任中的"过错"问题，只要存在违约的事实（除不可抗力等法定原因外），违约方应当承担赔偿责任。本案中，二审法院正是基于曲大爷摔倒的事实，认定旅行社一方违约，承担 100% 的违约责任，赔偿全部损失。当然，旅行社未能履行合同义务的原因，是第三人（本案中的饭店）服务瑕疵造成的，故其在向原告承担违约责任后，可以向旅客就餐的饭店进行追偿。

从上述分析中可以看出，同一损害事实，因适用的法律不同，判决结果就会不同，受害者得到的赔偿也不一样。这就是说，游客在出游途中如果遭受了人身、财产损害，《消费者权益保护法》未必是权利人的最佳选择。但是，根据相关法律规定，在审判实践中，适用法律的选择权并不在法院，而在当事人。当事人有权选择对自己最为有利的法律来维护自己的权利。但应当注意的是，当事人选择适用法律的前提，必须是同一损害事实，且既构成违约责任，又构成侵权责任，即在两种责任产生竞合的情况下，当事人才能选择索赔的法律。如果只是单一的违约责任，或单一的侵权责任，则不存在选择问题。至于具体纠纷中当事人按何种责任提出索赔诉讼最有利，不能一概而论。因为不同的责任，适用法律的条件、赔偿的范围不同，案件的具体情况也是千差万别的，当事人应当根据诉讼的方便程度、受到伤害轻重程度、对方当事人的赔偿能力等具体情况具体分析，正确行使选择权。

9. 游客参与表演受伤，旅行社被判赔偿

【案情简介】

2004 年 7 月，刘大爷的单位与广州某旅行社签订旅游合同，组织离退休人员参加“宁夏风光、内蒙风情六日游”，团费 5200 元/人，刘大爷是旅游团 15 名游客之一。8 月 3 日，刘大爷随旅行团乘飞机到达呼和浩特市。次日，旅行社组织游客在希拉穆仁草原观看当地的马术表演和参加一些娱乐活动，其间，导游提出游客可以参加马术和摔跤活动。谁知，刘大爷在上台与表演者进行摔跤时被摔倒受伤，此后被诊断为“左腓骨中下段骨折”，三个月后才伤愈，花去医疗费数千元。

因为在旅行社指定的娱乐活动中受伤，刘大爷于是将旅行社

告上法庭，索赔医疗费、误工费等共7万余元；此外，旅行社以刘的名义投保了保额30万元的“旅游意外保险”，故保险公司应当承担连带清偿责任。

旅行社辩称，刘大爷的受伤属于意外事故，而不是旅游违约。首先，导游在服务中口头向旅客告知了安全注意事项；其次，《旅游合同》约定的内容是“观看”摔跤比赛，“观看后当地的摔跤选手邀请旅客参加，旅客则可自愿参加，刘大爷作为成年人，应当知道摔跤的危险性，因此其受伤是其自身的过错所致”。

保险公司也有说法：刘大爷购买的是旅游意外险，只需支付保险费4.8元，双方约定有18个项目属于免责范围，而本案的情形属免责范围；保险条款中的“意外伤害”是指遭受“外来的、突发的、非本意的，非疾病的使身体受到伤害的客观事件”，刘大爷主动参与对抗性摔跤运动受伤，不属于客观事件，因此不属于意外保险责任的范围。

一审法院认为：游客与旅游景点专职表演马术、摔跤的人员一起进行力量型的对抗游戏、娱乐，具有较高的危险性，刘大爷具有完全民事行为能力，乃自愿参加游戏，应自行承担相应的后果，并非旅行社违约造成。但依照民法通则，“当事人对造成损害均无过错，但一方是在为共同的利益进行活动的过程中受到损害的，适用公平原则，可以由受益人给予一定的经济补偿”，本案中，双方是为了娱乐和营利的目的而订立旅游合同，刘大爷为此而受到损害，参照其月收入水平较高、受伤后休息时间较长、造成的损失较大等，法院酌定旅行社给予刘大爷经济补偿8000元。一审判决同时认定，刘大爷主动参与对抗性强的摔跤游戏从而受伤，不属客观事件，故保险公司无须赔偿。

判后，刘大爷不服，向当地中级人民法院提起上诉。中院认定：旅行社有义务按合同约定的内容组织游客旅游，并保障游客的人身、财产安全，其未能充分预见摔跤活动有一定程度的危险性，没有采取必要的安全保障措施避免游客受到伤害，对刘大爷在旅游活动中受伤的后果负有过错责任，依法应承担民事赔偿责任。至于5200元旅游费的索赔问题，因该费用是刘大爷的单位支付的，属单位福利性质，刘大爷个人虽有权享受，但并不属于个人的损失，法院不予支持。最终判令旅行社按违约责任赔偿8000元给刘大爷。

案例评析

导游在旅游期间组织游客与当地表演马术、摔跤人员进行对抗性强的摔跤娱乐活动，可视为旅行社对部分旅游内容的变更，故刘大爷参加摔跤活动属旅行社从事的经营活动范围。虽然摔跤娱乐活动不属于正式的竞技比赛性质，但仍具有一定的危险性，因此，旅行社应在合理限度范围内尽安全保障义务，例如事前向游客作安全提示，在活动过程中采取安全措施以保障游客的人身安全等。原审判决认为旅行社对游客自愿参加摔跤活动所造成的损害没有过错从而适用“公平原则”，属适用法律不当，因此二审予以纠正。

虽然二审法院认定的刘大爷的各项损失合计为5061.7元，而原审酌情判决旅行社赔偿8000元法律依据不足，但鉴于旅行社方面未提出上诉，按“不告不理”原则，二审法院对赔偿数额不作调整。

10. 自费景点被取消，游客状告旅行社

【案情简介】

2008年6月，王奶奶与某旅游公司签订了旅游合同，参加旅游

公司组织的成都、九寨沟、乐山七天游，合同附件行程表中写明第五天行程包含游览都江堰景点，门票人民币60元及车费20元自费。王奶奶依约交纳了团费人民币3130元。但在去都江堰途中，导游以自费项目可去可不去为由要求团友举手表态，王奶奶因听力差没听到未表态，另两名团友极力要求前往也无效，故未去都江堰。

该旅游公司认为，游览都江堰属自费项目，因旅游法规对自费项目没有详细约定，所以在旅游行业惯例中，执行自费项目前必须征得全部游客的同意。否则，导游在未经同意的情况下增加自费项目将受到处分。

案例评析

王奶奶与某旅游公司签订合同附件行程表已包含自费游览都江堰景点项目，而她未表示同意取消，该项目应当履行。某旅游公司擅自取消游览都江堰景点项目，构成违约应当承担责任。但《旅行社质量保证金赔偿试行标准》未对自费项目的赔偿作出规定，因此，无法依据此标准确定赔偿数额。法院判决：旅游公司应赔偿损失费人民币400元给王奶奶。

旅行社与游客签订了书面的旅游合同，该合同合法有效，双方均应当按合同的约定履行义务。游客按合同约定支付了费用，旅行社也有应当照约定的时间组织旅游的义务，如果违反约定，除因不可抗力和游客自身的原因外，旅行社应当承担违约责任。

11. 坐汽艇游客受伤，旅行社被判赔偿

【案情简介】

2007年12月，刚刚退休的吴先生参加了某旅行社组团前往

泰国旅游。12月12日他乘坐旅行社安排的从金沙岛到芭堤雅的汽艇，航行中汽艇颠簸，他被掀起后摔落造成胸椎粉碎性压缩性骨折，后经鉴定为10级伤残。

某旅行社辩称，吴先生的损害属于意外事件，某旅行社没有违法行为，没有侵权行为，不应承担责任。吴先生作为一个年近花甲的老者参加长途旅游，应该对自己的健康状况和参加本次活动的体质承受能力等进行必要的事前评估，并进行自我保护。在乘坐汽艇时，导游已尽必要的提醒注意义务，后因海上风浪才造成汽艇颠簸而致吴先生骨折。

案例评析

在诉讼中，吴先生选择了侵权之诉，根据侵权民事责任的理论，某旅行社在服务过程中，必须保障旅游者（吴先生）的人身不受损害。吴先生造成损害的后果是因为旅行社未尽到义务，因此，旅行社对吴先生所造成的损害后果应当承担赔偿责任。判决旅行社赔偿吴先生各项损失共计52221.9元。

旅行社的违约行为导致了吴先生的人身损害和财产损失，吴先生可以根据《合同法》第一百二十二条规定的责任竞合的规定，选择依侵权行为要求旅行社承担民事赔偿责任。但是根据法律的有关规定，只能选择一种责任进行起诉。因为违约之诉与侵权之诉对于举证责任、赔偿范围等的规定不一样，比如违约责任不存在精神损害赔偿等。在选择适用哪个进行诉讼时，需要根据案件的具体情况考虑。一般当事人根据举证责任的难易、赔偿范围的大小等来选择对自身权益保护最充分的司法保护。

12. 旅游合同何时成立

【案情简介】

2007 年 8 月，李先生及其父亲、母亲、姑姑一行 4 人准备去海南旅游，8 月中旬他们向某旅游公司咨询到海南旅游事宜，并告知一行 4 人的姓名。后该旅游公司出资为 4 人购买了中国南方航空股份有限公司 2007 年 8 月 25 日至三亚的客票，客票均载明“不得签转、不得更改、不得退票”，票面金额均为 630 元。当月 24 日下午，旅游公司电话告知他们飞机客票已订好，并要求其支付机票款、旅游费，李先生表示同意。但是，当日李先生及其家人又从天气预报中得知海南有台风和大雨，于是通过电话与旅游公司取得联系，表示取消旅游，旅游公司的工作人员解释天气情况不影响旅游，拒绝了李先生一家取消旅游的要求。次日，旅游公司的工作人员准时到机场送票，未见到李先生一家，于是要求李先生支付机票款及交通费，但遭到了李先生的拒绝，双方经多次协商未果，最终旅游公司就此事向当地法院提起了诉讼。法院经审理，最终判决旅游公司胜诉，李先生一家赔偿其经济损失。

案例评析

首先，本案中李先生一家与旅游公司之间的旅游合同已因 4 名被告事后的追认行为而成立。被告向经营旅游业务的原告咨询旅游事宜，毫无疑问是要约邀请，后双方是否达成口头旅游服务合同，原告是应被告李先生的委托垫资购买机票还是在被告没有明确委托时就自作主张垫资购买机票，现在无法得知。但是，即使双方此前未达成口头旅游服务合同，被告也没有明确委托原告垫资购买机票，但在原告告知机票已订好、通知原告来取票并支付机票款、旅游费时，4名被告经协商表示同意，此时原告的意思表示符合“要约”的法律特征，4名被告的意思表示符合“承诺”的法律特征，并且因采用电话方式均已及时到达对方，所以原告与4名被告间的口头旅游服务合同据此成立并生效。依法成立的合同，对当事人具有法律约束力，当事人应当按照约定履行自己的义务，不得擅自变更或解除合同。其次，后来4名被告取消旅游的意思表示属于解除合同的情形，因4名被告未举证证明是因不可抗力致使不能实现合同目的而解除合同的，故对解除合同给原告造成的损失应予赔偿。

13. 旅游保险条款引发的纠纷

【案情简介】

2000年10月，沈阳一旅行社推出赴“马来西亚、新加坡、泰国七晚八天豪华游”项目，全程报价7500元/人。出于孝心，沈阳市民刘某花1.5万元给父母报名后，刘某的父母顺利出境旅游。

旅途中，刘某的母亲突发心脏病，经抢救无效死亡。悲伤过后，刘某突然想起母亲还有旅游保险，于是向保险公司提出理赔。保险公司却告知，旅行社根本没有给刘某的母亲保急性病死亡的险种，刘某无法得到保险公司的理赔。

刘某认为，造成不能获得保险理赔的原因，完全是旅行社一方造成的，保险公司无法理赔，就该由旅行社来赔偿。旅行社却以双方未约定保险险种为由，推卸责任，刘某于是将旅行社告上法庭。

一审法院审理认为，依据当时的《旅行社办理旅游意外保险暂行规定》，旅行社组织团队旅游，必须为旅游者办理旅游意外保险（含急性病死亡）。刘某母亲已向旅行社交付了旅行费用，其中包含旅游意外保险的保费，而旅行社没有为她在出行前购买规定的保险，只是购买了“团体旅行安全保障保险”。该险种中不包含“急性病死亡”的保险赔偿，致使刘某在母亲急性病发作死亡后，没有得到保险赔付。旅行社存在过错，应予赔偿。法院一审判决旅行社赔偿刘某22.5万元。

案例评析

本案中，旅游双方没有对旅游保险明确约定，使双方在保险险种上出现分歧。依据案发时的法规，旅行社须强制购买含急性病死亡的旅游意外保险，如果没有购买该险种，旅行社就存在过错。目前旅游意外保险已经不是强制险，旅行社可以自主选择保险险种，对保险条款进行约定。如果约定的内容里不含意外死亡保险，旅游者出意外的情况下，家属就不能获得理赔。因此旅游者出游前，一定要对此条款严格审查。

14. 导游甩团，旅行社担责

【案情简介】

2008年9月，李爷爷等人参加北京某旅行社组织的海南环岛五日游旅游团，出发当晚抵达海口，地接社导游人员在为游客办理酒店入住手续之前，因收取自费游览项目费用问题与客人发生争执，导游置游客在酒店大堂于不顾，擅自离团而去，致使游客不能入住酒店，直到第二天凌晨4点游客向当地警察局报警，由警方出面协调，旅行社才来人为游客办理了酒店入住手续。由于海南地接社导游违反国家有关法规，不履行合同义务，使游客的权益受到损害，因此，李爷爷等人要求旅行社退还全部旅游费用。

该旅行社的负责人在接受记者采访时承认了游客投诉的内容属实，海南地接社表示已经将当天甩团的导游开除，并对游客表示了歉意，但对游客投诉旅行社甩团的结论和赔偿要求不能接受，认为虽然导游在发生争执后离团而去，但旅行社最后还是派人为游客办理了入住手续，并没有给游客造成多大损失，旅行社确实存在服务质量问题，但不应定性为“甩团”，就旅行社的服务质量缺陷，愿意赔偿游客每人100元人民币。

案例评析

旅游局质监所在地接到投诉后，作了调查，认为李爷爷等人参加旅行社组织的海南环岛游，与旅行社签订了旅游合同并按照合同约定交纳了旅游费用，游客投诉导游甩团的情况属实，根据国家旅游局《旅行社质量保证金赔偿试行标准》第九条规定，旅行社应赔偿每名游客交纳费用的30%作为补偿，计每人528元。

质监所的负责人介绍说，导游在为旅游者办理酒店入住之前，因与游客发生争执，擅自离开旅游团，造成旅游团不能入住酒店，影响游客的休息，直到游客报警后，海南110出面协调，才得到解决，造成恶劣的影响，损害了游客的合法利益，使得游客到达目的地后无人负责，是典型的导游甩团行为，旅行社对违约性质的辩解与国家有关法规规定相悖，因此不能成立。

15. 公费出游，受伤如何赔偿

【案情简介】

55岁的李先生是某物业公司的员工。2005年11月，物业公司组织员工出国旅游，公司的负责人与旅行社签订了旅游协议，由旅行社提供“泰新马”十日旅游服务，公司支付包括李先生在内的8人，共计27280元旅游费。

11月19日，李先生随旅行社组团前往泰国。22日，李先生在旅行社的安排下，乘坐从芭堤雅前往金沙岛的快艇，快艇在行驶中因颠簸厉害，致使李先生受伤，遂被送往当地医院急救。

11月26日，李先生回上海继续治疗。李先生认为，旅行社没有履行安全保障义务，损害了他的合法权益，故诉诸法院，要求法院判令旅行社退还旅游费，并且支付医药费、急救费、交通费、残疾赔偿金、误工费等，共计18万余元。

旅行社称对李先生受伤治疗的事实无异议，但认为李先生不是合同的相对方，无权主张合同权利；事发时，李先生没有听从导游建议，仍坐在快艇前部，对受伤后果应负主要责任。

对李先生的伤情，司法鉴定科学技术研究所司法鉴定中心出具鉴定书，认定李先生因外伤致第12胸椎及第1腰椎锥体压缩性骨折伴脊髓损伤等，其损伤后遗症已构成道路交通事故八级伤残。

案例评析

本案中的旅游合同系以李先生的物业公司负责人名义与旅行社签订，旅游金额由物业公司支付，应属为第三人利益订立的合同。李先生是合同项下权利义务的承受者，且李先生是因在合同的履行过程中受到伤害，所以法院确认李先生可基于合同关系主张相应的权利。

李先生是在旅行社安排下乘坐快艇的，旅行社称“曾告知游客，风浪大不要坐在船的前部”，但李先生否认了这一说法，旅行社未能提供足以证明其意见的证据，根据侵权损害赔偿案件中的举证责任倒置原则，不应予以采信。快艇的使用安排是否适应当地当时的天气状况，应由旅行社作出判断，李先生按快艇的实际设置就座，并无不妥。李先生受伤是因旅行社对游客安全保护的合同义务所致，故旅行社构成违约，应承担违约责任。至于李先生要求旅行社退还旅游费，鉴于李先生不是该款项的支出人，故不享有返还请求权。

16. 跟团旅游：十个景点只玩仨儿
提醒游客多付费用可讨要

【案情简介】

李奶奶等人参加某旅行社组织的“蓬莱三日游”，在景点游玩时，他们发现门票有两种：一种是每张10元的单票；另一种是每张70元的套票，包括十个景点。导游给每人一张套票，但大家却发现时间紧，只能参观三个景点。为此，李奶奶等人将旅行社告上法院，要求返还剩余票款。

最终，法院判决旅行社退还李奶奶等人剩余票款。

案例评析

许多旅行社利润的主要来源是从机票、客房、景点门票中拿到较低折扣，再按原价卖给旅客获取差价。套票的折扣比单票多，这就意味着更大的利润。所以，很多旅行社为游客购买价高的套票。这种行为实质上是“捆绑销售”，损害了游客的利益，也违反了我国的《消费者权益保护法》。遇到这种情况，老年朋友应及时与旅行社沟通，主张自己的权利，也可以通过向相关部门投诉以及诉讼等方式维护自己的合法权益。

17. 出国旅游是好事，提前准备要做足

【案情简介】

77岁的韩老是长春市的退休老干部，去年的一次旅行让他和旅行社对簿公堂，折腾了近一年时间。在法院的调解下，这场纷争才终得平息。

去年4月，韩老和老伴报名参加了某旅行社的“新马泰港澳17日游”。交清费用后，他们被告知，需另行交纳500元的老人附加费。旅行社解释，老人附加费是因为老年人消费低，为弥补损失而设。

“当时，旅行社作出承诺：交此款后，一些额外的自费项目就可以不参加，届时可在车上等待。”韩老在旅行社劝说下，如数交纳了老人附加费。临行前一天，韩老又应旅行社要求，交纳了2000元在泰国的夜间自费费用。

全部旅游费用12340元人民币都交完了，人到泰国，却遇到了意想不到的麻烦。泰国导游要求游客在《泰国风情特游团体自费项目表》中“必选一套”，此外，要求游客交夜间自费项目的费用，否则不能入场。该导游还“提示”，泰国芭堤雅区治安较乱，游客如在场外，安全无法保证。

“我据理力争，说明自己已交纳老人附加费，可以不参加自费项目；同时也已经向旅行社交纳了在泰国的夜间自费费用，因

此夜间自费项目有权入场。”提起当时的纷争，韩老余火未消：“泰国导游却说，游客在国内交纳的费用，泰国方面没有收到。并威胁说，如不交费，将停止对我们的服务。”

因为是第一次出国旅游，对泰国情况不了解，加上旅行社事前有承诺，出发时，韩老并未带很多现金，根本无法交纳这些费用。在泰国接下来的几天中，韩老与导游争吵不断，虽然最终没有参加自费项目，但导游的态度却令韩老无法接受：白天，别的游客参加自费项目时，老两口并不像旅行社许诺的“可在车上等待”，而是在高达35℃的户外徘徊，当地导游的理由是“司机要吃饭”；连续5个夜晚，其他游客参加夜间自费项目时，二老被晾在场外等待，无人过问。

在争吵中结束旅行后，回到国内的韩老致信旅行社，要求对方给予合理的解释和赔偿，遭到拒绝。韩老又将情况反映给旅游质量监督所，但质监所调解未果。一怒之下，韩老将该旅行社告上法庭。

案例评析

旅行社虽表示是依据境外旅游公司要求收取的老人附加费，但“旅行社没有证明额外多收取费用的必要性和合理性，在此次旅游过程中，实际上也没有对韩老进行特别的照顾，没有其他特别的支出，多收取500元老人附加费明显不公平、不合理”。

依据我国《消费者权益保护法》规定，法院指出，本案中，对合同约定以外的自费项目，原告韩老有选择参加或不参加的权利，在原告不参加自费项目时，被告应当对原告进行合理、妥当的安排。“但被告没有举证证明对原告进行了合理、适当的安排，而与原告同行的5名游客作为事情的亲身经历者，证明在泰国期间被告旅行社没有对原告提供必要、周到的服务，属被告服务质量上的问题”。同时，被告旅行社没有按照事先约定的行程、内容及时间，安排原告参加符合质量的旅游项目。

通过这个案例，我们提醒老年朋友：第一，出行前要对相关常识有一定的了解，包括目的地国家的相关规定、社会人文情况等，最好向曾去该地旅游过的人多打听一些情况。

第二，在与旅行社签订合同时，要尽量把合同条款细化、明确化，了解旅行社方面将提供哪些服务，项目中哪些是自费的；了解交通工具、饭店、饮食的标准；违约的赔偿额是多少，等等，避免落入价格陷阱。

出行前一定要选择正规的、信用好的旅行社。如旅途中发生纠纷，要据理力争，利用录音、录像设备保留资料，务必做好同行游客的证言，保留他们的身份证复印件或联系方式，以备将来投诉或起诉之用。团队出游时，游客们应团结起来共同维护自身权益。境外旅游发生纠纷时，可到我国驻当地的外事机构反映情况，及时寻求有关部门的帮助。

18. 擅自转团引起的纠纷

【案情简介】

高大爷退休后，打算带老伴出境旅游。经朋友介绍，他们一家参加了A旅行社组织的泰国、香港旅游，双方签订了旅游合同，确定了游览行程，高大爷全额交纳了两人的旅游费用。

旅游团出发当日，按照约定高大爷和老伴按时赶到机场集合。可是等了近40分钟，旅行社的工作人员才姗姗到来，匆匆给旅游团开了个出境前说明会。说明会开完，高大爷隐约感到有什么不对头的地方，经向旅行社工作人员追问，高大爷才发现，真正操作出境游的旅行社已经不是A旅行社了，而是变成了B旅行社。高大爷向工作人员询问，工作人员表示，旅行社之间拼团是通常做法。事到如今，高大爷等旅游者也只好随团出境。

办完出境手续后，在等候飞机时，经与其他旅游者交谈，高大爷发现全团18个旅游者分别来自不同的4家旅行社。

因为大家是由4家旅行社招徕的，旅游者手中的旅游行程各不相同。高大爷一家在泰国的旅游行程包括古式按摩和骑大象，但是泰国地接旅行社的导游要求高大爷一家必须交费才能享受这两项活动。

泰国地接旅行社的导游要求旅游者必须参加旅游行程之外的“自费项目”，并且拿出了三套自费项目的价目表让游客选择。高大爷发现自费项目中许多内容不适合他们一家，表示不能参加。泰国地接社的导游于是当众对高大爷说，你们如果不参加自费项目，我就要赔钱，我是不能赔钱的。泰国治安不是很好，什么事情都可能发生。

高大爷分明感到泰国导游在威胁他们，但由于人生地不熟，只好违心地按照泰国地接社导游的要求购买了一套自费项目。而实际上，他们一家根本没去看其中的一些表演。旅游团回国后，高大爷找到了A旅行社，要求旅行社给个说法。

A旅行社的负责人表示：组团人数不足，将若干家旅行社的旅游者拼成一个团，是旅行社的通常做法。高大爷及老伴出国旅游的有关事务，已经交由B旅行社操作，有问题应该找B旅行社。而B旅行社负责人说，高大爷和老伴是A旅行社交过来的旅游者，一切都是按照A旅行社的要求操作的，请高大爷还是去找A旅行社。

案例评析

1. 签约旅行社不得擅自将旅游者转让给其他旅行社。本案中，A 旅行社没有经过旅游者的同意，擅自将旅游者转让给 B 旅行社，按照规定，在旅游过程中发生的问题仍然由 A 旅行社承担一切法律责任。

2. A 旅行社应退还向高大爷一家重复收取的费用。高大爷与 A 旅行社之间达成了旅游合同，双方就旅游服务的内容、服务档次等进行了约定。经查实，高大爷与 A 旅行社双方合同约定的服务内容中，包括泰国的古式按摩和骑大象活动，而泰国地接社仍然要求高大爷交纳古式按摩和骑大象活动的费用，属重复收费，A 旅行社应当将重复收取的费用退还。

3. A 旅行社应当退赔高大爷一家被迫交纳的自费项目费用。旅行社不得强迫旅游者参加自费项目。在完成合同约定的参观游览内容后，如果有时间，旅行社可以向旅游者推荐一些旅游行程、费用之外的旅游项目，但是必须尊重旅游者的意愿。

国家旅游局《旅行社条例实施细则》第四十四条规定："旅行社因不能成团，将已签约的旅游者转让给其他旅行社出团时，须征得旅游者书面同意。未经旅游者书面同意擅自将旅游者转让给其他旅行社的，转让的旅行社应当承担相应的法律责任。"《中华人民共和国消费者权益保护法》第九条第一款规定："消费者享有自主选择商品或者服务的权利。"因此，旅游者有权选择提供服务的旅行社的权利。

《中华人民共和国消费者权益保护法》第九条第二款规定，消费者有权自主选择商品品种或者服务方式，自主决定购买或者不购买任何一种商品，接受或者不接受任何一项服务。因此，旅行社不得强迫旅游者参加自费项目。

19. 旅游合同，一点值百元

【案情简介】

2007年，尚奶奶报名参加了某旅行社组织的“云南八日游”，并在《旅游协议书》上签字，按合同规定交纳了4900元。该旅行社与尚奶奶双方签订的旅游协议书中，对旅游者所交团款4900元包括的和不包括的服务项目及内容都作出了约定。旅游协议约定3月20日旅游团出游。

旅游过程中，前两天的活动比较顺利，第三天中缅边境一日游，双方就费用担负发生争议。在办理出境手续时，地接社让尚奶奶交付“出境书药费”共计112元，其中包括出境费100元、书和药费12元。

“出境书药费”，还是“出境、书、药费”？尚奶奶认为，按合同规定，只应支付“书药费”12元，因“出境”费100元已包括在旅游费中，应由旅行社支付。尚奶奶拿出她与组团旅行社签订的书面“旅游协议”，指给地接旅行社的导游看，该“旅游协议”在旅游团款不包括的服务项目和内容一项中列有“云南出境书药费”，尚奶奶理解“云南出境书药费”就是“云南出境的书药费”，认为“云南出境费”并没有列入团款不包括项目中，而“中缅边境一日游”是旅游行程中的计划内容，团款应包括云南出境费，不应当再重复交费。

地接社解释，组团旅行社与尚奶奶签订的“旅游协议”中，团款不包括项目中标明的“云南出境书药费”是由两部分组成的，即“出境费”和“书药费”，如果尚奶奶不交纳，旅行社将不安排她“中缅边境一日游”的活动。尚奶奶对此解释虽然持有不同意见，但为了能完成全部旅游项目，还是暂时作了妥协，支付了这笔费用，即 112 元。

双方理解不同引争议，游览结束返回出发地后，尚奶奶找到组团旅行社交涉，认为双方既然签订了旅游合同，无论组团旅行社还是地接旅行社都应该遵守，不能再变更，而这次旅游中，地接旅行社违反规定，又额外加收了 100 元，她要求旅行社退赔加收的费用。组团旅行社对“旅游协议”中“云南出境书药费”的解释与地接旅行社相同，认为旅行社并没有重复收费。双方均坚持各自的理由，纠纷无法协商解决。尚奶奶于是向旅游质量监督管理部门投诉，请求裁定旅行社退还 100 元。

案例评析

此案经过旅游质量监督管理部门审理，认定旅行社应当退还旅游者尚奶奶 100 元。

1.《中华人民共和国合同法》第四十一条规定：“对格式条款有两种以上解释的，应当做出不利于提供格式条款一方的解释。”旅行社与尚奶奶签订旅游协议，旅行社是提供合同的一方，双方就合同中旅游者所交团款不包含的服务内容“云南出境书药费”在语义上有不同的理解，旅行社认为，该条款的本意是“出境费”和“书药费”，旅游者尚奶奶认为该条款的意思是“出境的书药费”。按照法律规定，在对此条的理解上，应当做出有利于旅游者尚奶奶的解释。

2. 对合同条款应当按照通常的理解来解释。经查，参加云南“中缅边境一日游”的确需要支付出境费（即出境通行证费用）和出境所需的书药费（缅方入境须知和免疫药品）。本案中，旅行社提供的旅游格式合同中，在团款不包含项目条款中表述为

“云南出境书药费”，本句中并没有标点符号，从语文含义中不能得出包含两种费用的意思，应当理解为“出境的书药费”。旅行社对此条款的解释牵强附会，只能认为是旅行社故意或者因过失造成该条款语义上的含混。

旅行社提供了该社的旅游合同范本，范本在团款不包含的服务项目和内容条款中有“云南出境、书药费”的表述，该范本与旅行社和旅游者尚奶奶签订的旅游合同相比较，多了一个标点符号。因为一个标点符号，两句的语义完全不同。但是旅行社提供服务必须按照与旅游者签订的合同执行，旅游质量监督管理部门也必须依照双方签字盖章的合同认定。

20. 出游定金谁埋单

【案情简介】

退休在家的赖大爷出钱邀请4位老战友一起赴海南旅游，经过比较，赖大爷选择了B旅行社，并于1月底报名参加了该旅行社2月10日至2月14日的“海南五日游”，每人团费2250元。

赖大爷到旅行社办理报名手续时，旅行社接待人员要求每人先交1000元定金，剩余团款待取飞机票时交齐。赖大爷表示同意，但要求旅行社开具发票，旅行社接待人员解释说，只能先开收据，等旅游团款交齐后才能开发票。

于是赖大爷交付了5000元所谓的定金。旅行社接待员也开出了5000元定金的收据。

2月8日，赖大爷忽然接到旅行社的通知，告知由于海南地接价格上涨，每人团款需增加400元，否则将取消本次旅游活动。赖大爷十分气愤，认为B旅行社坐地起价，欺骗消费者，断然拒绝补交2000元，“海南五日游”未能成行。赖大爷要求旅行社双倍返还定金，旅行社不接受，只同意返还5000元。

案例评析

本案中，B旅行社违反合同约定，应当对赖大爷等5位旅游者进行赔偿。但是具体应当如何赔偿呢？

赖大爷与B旅行社在旅游活动开始前就旅游价格、旅游线路、团款交付等进行了约定，双方建立了合同关系。由于B旅行社在旅游即将出发时提出了新的要求，即旅游团款每人增加400元，《中华人民共和国合同法》第七十六条规定："当事人协商一致，可以变更合同。"但是，赖大爷不同意B旅行社增加团款的要求，双方就变更合同没有达成一致。因此，"海南五日游"取消，责任在旅行社一方，旅行社应当承担由此给赖大爷等5位旅游者造成的损失。

B旅行社收取了赖大爷等5位旅游者每人1000元的定金，赖大爷坚持按照《中华人民共和国合同法》的规定，要求B旅行社双倍返还定金共10000元。

而赖大爷等旅游者与B旅行社合同约定的旅游价格为每人2250元，B旅行社收取的定金为每人1000元，定金数额占旅游价格的44%，根据《中华人民共和国担保法》的规定，44%的定金数额高于旅行社所应承担的责任（见相关链接），显失公平。应当对B旅行社收取的5000元进行分割：5人团款11250元的20%即2250元为定金，5000元减去2250元即2750元应视为预付款，根据法律有关定金的规定和国家旅游局《旅行社质量保证金赔偿试行标准》第四条规定："旅行社收取旅游者预付款后，因旅行社的原因不能成行，应提前3天（出境旅游应提前7天）通知旅游者，否则应承担违约责任，并赔偿旅游者已交预付款10%的违约金。"B旅行社应双倍返还2250元即4500元，退还预付款2750元并赔偿2750元的10%，即275元，旅行社赔偿的总额为7525元。

21.“随团医生服务”，警钟敲响

【案情简介】

小小的“胃痛”居然成了“急性心肌梗死”。可是，由于旅行社随团医生的预见性不够，57岁的毛老师欢欢喜喜出门却因未及时转诊，就这样长眠在了丝绸之路上。

2008年6月，毛老师所在的中学与某旅行社签订了旅游合同，开展“丝绸之路——西部行教师考察活动”。7月7日，兴致勃勃的毛老师和同事们踏上旅途，酒量不大的他还在火车上喝了两口白酒。7月10日凌晨，毛老师感觉肚子有些不适，并逐渐出现了腹泻、腹痛现象。当天上午，随团医生对毛老师进行了检查，并于11时30分给毛老师口服了黄连素、达喜片等药片。14时，毛老师腹痛加重，嘴唇发青，并伴有白沫，随团医生又给他打了针。14时40分，在校长的要求下，毛老师被送往附近医院就诊。就诊期间，毛老师突然出现脸色苍白、四肢无力症状。陪护的同事们呼之不应，急转入抢救室，但毛老师终因抢救无效于当日18时死亡。经专家认定，毛老师死亡的根本原因是急性心肌梗死所致的猝死。事后，强忍悲痛的毛老师妻女以旅行社随团医生误诊、不负责任和无故拖延就医等为由，要求旅行社对毛老师的死亡承担赔偿责任。

案例评析

毛老师急性心肌梗死的病史、症状、体征不典型，早期难以识别。但旅行社随团医生在救治过程中，也确实存在对疾患的预见性不够、转诊不及时等情形，其过错与患者的死亡有一定的因果关系。

对于一个大型旅游团队的随团医生而言，在旅途中，他们往往无法配备齐全的医疗检测设备。因此，游客一旦出现体征不典型的疾病，随团医生很难准确、及时地作出病情判断并进行有针对性的治疗。如此一来，难免出现转诊不及时，延误病情的情况。本案给广大游客敲响了警钟：外出旅游，应事先对自己的身体状况有准确判断。如可能，最好将有关病史告知旅行社，提早预防。此外，如果在旅游合同中双方约定配有随团医生的，应对其在旅途中的责任和义务作出尽可能详细的规定。

22. 遭遇车祸后的“合同风波”

【案情简介】

王女士全家和朋友们一行14人组团到九寨沟旅游。不料，他们却在那里遇上了车祸，14人全部受伤，无一幸免。当时，看着导游手忙脚乱地抢救伤者，惊慌失措的王女士这才想起：“天啊，我们的旅游合同、保险合同都没有签！”

原来，王女士一家三口和朋友们出游前曾到本市一家知名旅行社询价，结果因价格偏贵且只能随大团而放弃计划。后来在旅行社的朋友周先生帮忙下，王女士联系上了远在四川、素未谋面的九寨沟旅行社。一番讨价还价后，双方很快口头磋商成功，价钱也大大降了下来。几天后，王女士一行兴致勃勃地踏上了旅程，不想却出了意外。

车祸发生后，王女士有苦难言：这次出行前没有签订任何合同，连个保险也没办理，今后，伤者的高额治疗费用谁来承担？

回上海后，王女士急忙打电话给周先生，要求帮忙开具浦东旅行社的发票和补办保险合同，但遭到了周先生的明确拒绝。情绪激动的王女士等人很快再次找上了浦东旅行社。他们团团围住正在办公的总经理，拿出预先写好的“收条”要求其签字盖章。随后，王女士拿着强迫他人签章完毕的“收条”，将浦东旅行社和九寨沟旅行社一并告上了法庭。

案例评析

1. 王女士等人与第一被告旅行社之间，既未签订过书面合同，更未书面或口头约定过旅游景点、供应标准、团费总价等具体条款。因此，双方间不具备旅游合同的形式要件和实质要件，双方没有旅游合同关系。

2. 车祸发生后，王女士等急于为自己在法律上补漏洞，并采取了过激行为，逼迫第一被告负责人签名、盖章，追认没实质内容的合同关系存在。这种做法，为法律所不容。

3. 王女士等人与第二被告九寨沟旅行社间虽然没有签订合同，但第二被告收取了团款、负责接团和派出了导游，对旅程作了安排，故双方已形成事实上的旅游合同关系。鉴于旅行社系在安排原告旅游的途中发生车祸，为此理应先承担赔偿责任，再按公安部门责任认定向其他责任人追偿。

本案中，王女士等人过于注重旅行社的价款和单独组团等要求，轻视了书面合同、保险办理等必要手续的重要性。他们在没有签订具体合同前就匆匆起程，事故发生后则为了索赔不惜以“非法”手段“维权”，这种错误的取证方式为法律所不容。出门旅游，签个合同、办个保险无疑都是必要之举，一来可对旅行社的服务质量有所约束，二来有了合同，消费者的相关权益也才能得到切实的保障。

23. 自助游意外身亡谁之过

【案情简介】

傅女士姐弟俩参加本市一家旅行社组织的马尔代夫游，双方约定出游方式为自由行。到达马尔代夫后，姐姐傅女士在酒店的海滩边进行自由活动，不幸溺水身亡。为此，傅女士家属状告旅行社，认为其未尽到应尽的义务，须对傅女士的死亡负全部责任。旅行社则表示，傅女士所参加的赴马尔代夫的旅游系自由行。这就意味着游客抵达目的地后，进行何种旅游项目和娱乐活动完全由游客自行安排和决定，由于旅游项目不是由旅行社选择，而是取决于游客，傅女士到海滩游玩完全系其自我安排，与旅行社没有关系。因此，旅行社无义务对其进行保护。

案例评析

1. 旅行社在履行合同过程中未履行说明和警示的法定合同附随义务，这是造成游客身亡的原因之一。按有关规定，组团社以及旅游团领队在带领旅游者旅行、游览过程中，应当就可能危及旅游者人身安全的情况，向旅游者作出真实说明和明确警示。而本案被告在行程表中并未根据马尔代夫地理环境特点向旅游者作出说明和警示。

2. 作为参加自由行旅游的成年人，傅女士也应具有对自身条件和危险状况的预见能力，她本应判断出不谙水性而玩水的后果，却因过于自信，在明知不习水性的情况下，未采取相应安全措施便下水，以致悲剧发生。因此，旅行社应承担部分赔偿责任。

近来，这种无拘无束的自助游（又称“自由行”）旅游方式日益升温。少了约束、免了奔波，自助游的确让人一身轻松。然而，如果游客与旅行社双方的权利义务在旅游合同中约定得不尽明确或不周全，那么，自助游也可能变成人们的心头之痛。这起案件提示人们：外出旅游前，一定要慎签合同、认真审核具体条款；另外，也别忘了给自己买一份旅游意外险，学会自我保护。

购物消费篇

◈ 核心提示

旅游购物是旅游六要素中不可缺少的环节，是旅游行程中较重要的项目安排。但在我国目前的旅游购物消费市场中还存在诸如产品质量参差不齐、定价标准混乱、市场监管不严等问题，在此提醒广大老年朋友在购物消费过程中注意以下几点：

第一，不要随便开口。不少游客看到旅游特产，特别是自己心仪已久的旅游商品，大脑连转都不转一下，马上就表现出极大的兴趣，张口就问其价格、质地、用途，等等。殊不知，这一开口，就暴露了自己的老底。

首先，精于商道的卖主从游客讲话的内容和口气中摸到游客的心态。张口就问价钱，卖主立刻能捕捉到游客已对此颇感兴趣，往往只要在价格上谈拢了，其他问题都好商量。这种轻易暴露自己偏好的行为，是旅游购物的大忌。其次，随意开口容易暴露游客对相关知识和信息的缺乏，从而使卖主利用客人的无知进行欺骗。由于好奇和不熟悉，游客大多对感兴趣的东西提出询问。比如问“这是什么”、“用来干什么的”、“如何辨别其好坏优劣”，等等。这一问，正中了卖主下怀。很显然，对商品的解释权被游客全部拱手相让于卖主，卖主便可自由发挥，把一件不值钱的东西吹得神乎其神。而且现在工艺技术相当发达，许多假货几乎可以做到乱真。比如，玉器是中国传统的珍贵吉祥宝物，而国内玉的产地和加工场所也相当多。玉以其令人赏心悦目的品质为大多数国人喜爱，在玉的产地买几块玉器回去馈赠亲友是不可多得的美事。殊不知，即使在玉的产地，一不当心也会买到假货。一些所谓的玉器看起来通体碧透，卖主又向游客解释判别好玉的标准，说是要一看二摸三听音，于是在卖主的推荐下，游客会对一些看起来色泽光润、翠色欲滴的好“玉”爱不释手，只是价钱嫌贵些，这时卖主就会说照顾生意、回去广为宣传之类的话，在与游客艰难的讨价中打了五折甚至更多。于是，游客怀着大获全胜的喜悦，兴冲冲地回到家拿出“美玉”来给朋友欣赏，这才发现原来“美玉”上竟有气泡，是玻璃做的。另外，一些游客出游前听说旅游地的某种特产，就迫不及待地向卖主询问，但因为不了解细节，卖主便可以次充好、以假乱真。

第二，谨防以假乱真。旅游购物是异地消费，多属于旅客在旅游地的一次性消费。卖主因而不必在招徕回头客上多下工夫，赚一个是一个。而许多旅游商品因其质地和艺术价值难以像一般商品那样定价时有明确依据可循，而且也难以货比三家，对其实际价值作出正确估计，所以，要特别当心卖主的商品以假乱真。

许多旅游者去一些历史名城旅游，常有兴趣光顾古玩市场。而在古玩市场有不少店家专门经营一些现代的仿制艺术品，游客去古玩市场购物时，一定要具备一定的知识和经验，弄清楚商品的真伪和年代，否则，最好就只当参观一回，或至多买一点明确标出是仿制品的现代工艺品。

第三，切勿贪图便宜。不少游客到旅游地买特产工艺品、纪念品等，一方面是求其正宗，另一方面则认为在当地买价格比较低，其实不然。在“人间天堂”的杭州各大旅游景点，手拿肩背所谓“龙井茶”的卖茶人比比皆是，卖茶的店铺也琳琅满目。卖主引诱游客上当的方法是以低价卖出市场上百十元一斤的“龙井茶”。而游客的心理是来到“龙井茶”的故乡，当然要带上这种名茶精品回家。而且这里价钱应当比较诱人，尤其听到小贩报出的价钱，好的才几十元一斤，便心下大喜，但脸上绝不表露半分，并摇头嫌贵，作拔腿欲走状。小贩这时便好言好语上前降下茶价，讨价还价后，游客心满意足地买了一大堆十元一斤的“龙井茶”，暗自欣喜时，却不知即使这么低的价钱，还是被小贩大赚了一笔，待回家经知茶人一看，才知道这“龙井茶”其实是三文不值二文的一堆树叶子。

因此，游客发现与实际价格相差较多的商品时，任凭卖主怎么鼓动，也要坚定立场，不要妄想自己捡个大便宜。游客应该切记，在旅游地买特产，价格是一把尺子，对很多不内行的人来说，质量只可能被价格反映出来，只因贪图便宜而忽视真假、质量，常常会中卖主的圈套，得不偿失。同时，在境外旅游的过程中，还应注意以下几点：

（1）货币的换算

国外购物应注意标价是美元或当地货币，且严防买到冒牌货。购物以实用、需要为购物之考虑，避免大肆采购，以免回国入境时被海关扣税。

（2）免税节税

购物保留收据。某些国家购买一定金额以上物品时，可获免税或退税优待。笨重及大型物品，可请店方代为邮寄或货运。

（3）带备信用卡购物

不少的购物点都接纳信用卡付款，旅客可带信用卡以做不时之需。如在外地遗失卡片，可直接致电发卡行作报失处理。旅程完结后，再办理有关书面手续。

以案说法

1. 在导游推荐下买到假货，旅行社是否需担责

【案情简介】

郭女士参加了海洋假期4月9日赴广深珠、港澳、海南九日游的旅行团。4月13日，当地导游把游客带到珠海一家不知名的小店购物，并承诺绝对是真货。郭女士选购了一台索尼DV，以1700元成交。旅游回来，郭女士才发现自己买的是假货。索尼维修部的工作人员明确告诉她，她买的这台机器是假货。郭女士立即找到旅行社，旅行社称，如果有鉴定证明是假货，他们负责全额赔偿，但索尼维修部不给开证明，索尼的市场监督部门也不管这事。由于没有证据证明郭女士买的索尼DV是假货，旅行社只能协助退货。而所谓的“协助”，就是游客自己承担退货的邮寄费、刷卡的手续费，并告知可能还要承担商品的折旧费。

案例评析

在旅游途中买到假冒商品，首先可以依据其与销售者即出卖人的买卖合同关系，要求出卖人承担退货、减少价款、赔偿损失等违约责任。也可依据《中华人民共和国消费者权益保护法》第四十九条规定：“经营者提供商品或者服务有欺诈行为的，应当按照消费者的要求增加赔偿其受到的损失，增加赔偿的金额为消费者购买商品的价款或者接受服务费用的一倍。”要求经营者即商家承担双倍赔偿责任；但消费者要求双倍索赔时，必须对其主张予以证实，否则不能实现其要求。

鉴于游客是在旅游过程中，在旅行社工作人员的误导下购买了假冒商品，游客亦可根据其与旅行社的旅游合同，要求旅行社承担相应的违约责任。违约责任的承担方式，首先依据合同约定，合同没有约定或约定不明的，依据《合同法》规定，可以合理选择要求旅行社承担减少价款、赔偿损失等违约责任。但应注意，游客应当对旅行社或其工作人员的虚假宣传和其由此购买了假冒商品的因果关系予以证明，否则难以实现其主张。为维护自身权益，游客在与旅行社签订旅游合同时，应特别留意涉及购物等相关约定。在旅游过程中，也应理性分析，不要轻信旅行社工作人员的口头承诺。

另外，消费者因买到假冒产品而要求退货的，商家无权要求消费者额外交纳费用。

在此也提醒大家，与旅行社签订合同时，一定要看清行程中的购物安排，如购物场所、时间和次数等，并尽量参加旅行社的行前说明会，做到心中有数；凡在旅行社指定商店购物时，应保留好购物发票等相关凭证，一旦发现买到假货，立即要求旅行社协助办理退货，由下一个团的有关负责人将假货带回销售地交涉；自行在国外购物则要理智消费，购买珠宝、补品、名牌服饰时尤其要当心。

2. 导游强行索要小费，游客事后可维权

【案情简介】

付阿姨参加了某旅行社赴海南“贵宾纯玩团”。游程一开始，导游就向游客索要小费。游客们感到很奇怪，后来才发现旅行社的《游客手册》中提示：“如果您对导游和司机的服务十分满意（不是九分满意），请付每人每天5元小费（人民币）。”但到了导游口中，不管满意不满意，每个人都要付小费给导游和司机。为

不扫大家的游兴，第二天付阿姨便按要求付了小费。

返程后，付阿姨查询了《旅行社质量保证金赔偿试行标准》，其中明确规定导游不得向游客索要小费："导游索要小费，旅行社应该赔偿被索小费的2倍。"为此，付阿姨对旅行社的行为进行了投诉。

案例评析

目前，我国各地的旅游管理条例、导游人员管理条例等法律法规均对导游索要小费的行为作出了严格的禁止性规定。如果导游索要小费，游客可以在事后进行投诉并要求旅行社作出赔偿。而旅行社和导游人员也会受到相应的处罚。2009年修改的《导游人员管理条例》第二十三条规定："导游人员进行导游活动，向旅游者兜售物品或者购买旅游者的物品的，或者以明示或者暗示的方式向旅游者索要小费的，由旅游行政部门责令改正，处1000元以上3万元以下的罚款；有违法所得的，并处没收违法所得；情节严重的，由省、自治区、直辖市人民政府旅游行政部门吊销导游证并予以公告；对委派该导游人员的旅行社给予警告直至责令停业整顿。"《导游人员管理实施办法》第十六条第二款规定，以明示或者暗示的方式向旅游者索要小费的，对导游人员扣除6分；同时《旅行社质量保证金赔偿试行标准》第八条第六款规定，导游索要小费，旅行社应赔偿被索要小费的2倍。

最终，旅游质量监督管理部门裁决：一、旅行社双倍返还付阿姨所付小费；二、对该名导游罚款人民币1000元，并扣除导游计分6分。

3. 游客财物被盗，宾馆应当担责

【案情简介】

蔡老伯一家报名参加了济宁市某旅行社组织的某地二日游，到达旅游景点后，自己全家跟随旅行社住宿在一家宾馆内。5月27日早上，蔡老伯起床后发现，原本放在床边的衣服被丢在卫生间里，随身携带的2000多元现金、一部数码相机及一部手机丢失。蔡老伯随后报警。他觉得宾馆安全工作疏忽，应对此事负责。然而宾馆方以多处张贴有“贵重物品请寄存，否则责任自负”的提示为由，拒绝赔偿。

蔡老伯认为，自己是跟随旅行社住的宾馆，旅行社对此应负责任。然而旅行社称，与游客签的合同内有“游客在旅游期间应妥善保管好贵重财物，如果丢失旅行社不承担责任”的条款，因此拒绝承担责任。

案例评析

根据《消费者权益保护法》的规定，消费者在接受服务时享有人身、财产安全不受损害的权利。在顾客入住宾馆后，店方适当的提醒是应尽的义务，但并不能推脱自己应承担的责任。而旅行社已经告知游客妥善保管贵重财物，因此不应承担责任，但是旅行社有义务代表游客向责任方交涉索赔。最终，经过当地旅游质量监督局的调解，宾馆赔偿了蔡老伯的损失。

这个案例也提醒广大消费者，在遭遇旅游纠纷时处理方式是多种多样的，我们首先可以考虑向当地的旅游质量监督管

理部门进行投诉，国家旅游局在全国各省及主要旅游城市都设立了旅游质监所或质监机构，其职责就是受理并处理好所辖区范围内的旅游服务质量投诉案件。消费者在旅行过程中遇到旅游服务质量问题，自己合法权益受损，可以立即前往或去当地旅游质量监督部门投诉。如果消费者已旅行回来，可到组社所在地的旅游质监所投诉，递交投诉状。投诉状要写明：被投诉单位名称、投诉人的姓名、性别、国籍、职业、年龄、地址及联系电话、投诉事件经过等。质监所在接到消费者的投诉状后，经审核，将在7个工作日内作出是否受理并通知消费者。质监所决定受理后，在24小时之内转给被投诉单位，要求在30日内与投诉人协商解决，并将有关结果书面答复质监所。

4. 酒店房费惹争议

【案情简介】

“十一”期间，蔡老伯去武汉游玩，入住武汉某星级酒店，入住时间为上午7：30，中午11：20到酒店前台要求退房，对房间设施提出意见，同时对酒店前台按一天房费进行结账表示不满。

蔡老伯认为，酒店客房虽不能按小时计费，但入住4小时就收取全天房费很不合理，最多只能收半天房费。同时退房的原因是酒店的房间设施达不到要求，酒店应当对此作出合理解释。由于酒店前台的解释未令其满意，双方协商未果，蔡老伯于是向市旅游局质监所投诉，要求维护权益。

质监所调查后，认为游客反映情况属实，酒店方前台人员并未严格执行客房计时收费标准，而且酒店对提供游客设施不达标的客房也负有一定责任，应当退还游客的额外收费，并追究当班人员责任。酒店接到通知后，立即委派总经理助理到现场与客人见面并表达深深歉意，同时出于诚信服务宗旨，酒店对房费予以全免，全额退还住房押金，并对此次事件中的当值员工及相关部门经理进行处理。

案例评析

根据规定，如果白天住宿，在 6 小时以内按半天收费，超过 6 小时按一天收费；如果夜间住宿，不论时间长短，均按一天收费；对于连续住宿，凡当日住店次日 12 时以前结账按一天收费，次日 12 时以后、18 时以前的按一天半收费，超过 18 时的按两天收费。如果酒店有特别规定的，比如只按一天计费或按钟点计费而不按半天计费的，须应提前向客人告知。

5. 自行变更酒店，房费谁来付

【案情简介】

张先生在春节期间，举家报名参加了烟台/青岛/威海四日游，之前在北京和旅行社签订了合同，行程约定第二晚住在烟台的一家三星级酒店，但到了那里才发现，名义上三星级的酒店，位置偏僻，环境荒凉，根本没有三星级酒店应该有的标准。房间里的卫生条件极差，连单人床也比正常的要小。在和当地导游交涉无果后，张先生一气之下，自费打车住进了市区里的一家同等级的酒店，并在回京后要求旅行社赔偿自行负担的住宿费 1200 元。

案例评析

其实，在这个事件中，只要明确一点，就可以认定责任方了。那就是：旅行社提供的酒店是否有当地主管部门颁发的星级标准认定？

我们说标准的制定实际上就是为了规范一种服务，在旅行中更是如此。任何人都不能用主观的意志来认定标准。在这个事件中，很显然，游客张先生用了自己的主观判断，认为酒店条件脏乱差，位置偏远，没有三星级应有的标准。但是实际上，来自旅行社的认定是：烟台的这家酒店，有上级主管部门认定的三星级酒店接待许可，且挂牌经营。即使没有达到一定的三星服务水准，也仍然符合法律上的条文手续。

如此看来，张先生的败诉成为必然。

根据《中华人民共和国合同法》第六十条和第一百零七条规定，当事人应当按照约定全面履行自己的义务，任何一方违约，都应当承担继续履行、采取补救措施或者经济损失赔偿等违约责任。旅行社在和张先生之前签署的合同中，明确了三星级酒店的挂牌标准，而事实上那家条件“看上去很差”的酒店也的确有三星级认定的挂牌许可，张先生拒绝接受酒店的服务，自行变更，实际上已经单方面违约，所以费用自然应该由自己承担。

明确事件过程中的关键点是需要头脑冷静。要善于将复杂的事情简单化，如这个事件中的关键点是“三星级”，看看大堂是否有明确的星级挂牌就可以了。

出现问题，试图沟通协调，调解不成，要留有证据，以便“秋后算账”索赔，维护消费者权益，尤其在偏远的地方，更不能盲从。毕竟，出行的目的是为了舒爽，切记在出行前做好心理准备，降低自己的期望值，多一些宽容。要知道，地方的条件所限，即使是有国家标准的东西，也存在实际服务的千差万别。

6. 旅途中食物中毒，由谁担责

【案情简介】

2006年7月21日、22日，李女士报名参加某旅行社组织的山东日照旅游。旅游期间游客的食宿均由旅行社组织安排。2006年7月22日中午12时许，李女士和其他游客被日照某旅行社安排在丁某经营的某酒店集体就餐，当时的食谱有鱿鱼烧豇豆等。

吃完午饭后，李女士就随团乘车返回，途中与其他游客相继发病，症状均为腹痛、腹泻、呕吐、发热。由于病情严重，李女士去当地医院急诊，经诊断为急性肠胃炎。截至同年7月24日下午，该批游客中共有20人出现症状，17人去医院就诊。经当地疾病控制中心检测、卫生监督所调查，包括原告在内的20人病症系由副溶血性弧菌污染食物而导致的食物中毒事故。根据副溶血性弧菌致病特点及该病潜伏期临床特点，2006年7月22日的中餐是导致此次食物中毒的主要原因。

由于丁某所经营的酒店提供的食物不卫生，旅行社未能注意和制止，导致李女士的食物中毒。李女士因此起诉要求酒店和旅行社公开赔礼道歉并赔偿其经济损失。法院经审理，最终支持了李女士的诉讼请求。

案例评析

本案中酒店方面由于提供了不合格菜肴导致原告食物中毒，

对李女士的身体健康造成了损害，应当承担赔偿责任。而旅行社作为经营旅游业务的单位，对游客在旅游过程中遭受的人身损害具有相应注意义务。原告的人身损害与旅行社组织旅游过程中的疏忽过失具有因果关系，因此旅行社也应当承担补充赔偿责任。

7. 赴港旅游买了假货应如何维权

【案情简介】

王奶奶报名参加了某国际旅行社赴香港的旅行团，旅游途中在导游带去的旅游商店购买了价值1.5万元的商品。回京后经检验得知，所购物品为假货。

为此，王奶奶找到旅行社，提出退货并退还购物款的要求。旅行社协助王奶奶办理了退货事宜，但货款未全部退还，差额部分的290元，旅行社表示是王奶奶持卡消费而产生的手续费，该笔费用因由银行收取，因此这290元应由王奶奶自行负担。

案例评析

旅行社先行赔付留“尾巴”的做法是不对的。

根据《北京市旅游管理条例》的规定，旅行社在旅游行程中安排旅游者在指定购物场所购买商品，商品出现质量问题的，旅行社应当协助旅游者退换。

王奶奶已经就退货、退款事项达成一致，王奶奶亦通过旅行社将所购假货全部退还，故旅行社就应先行垫付并退还所购商品货款的余款。也就是说，290元余款应由旅行社支付。

8. 境外买回发霉货，旅游消费谁埋单

【案情简介】

2008年，张大爷和老伴又参加了一家旅行社组织的新马五日游，本来整个旅程相当愉快，就在返回国内的前一天，导游专程将旅行团成员带到新加坡当地一家旅游商店购物，结果张大爷听信了导游，以为这家商店的燕窝质优价廉，便花1000元钱买了两盒带回国内。

没想到回国后，张大爷和家人打开包装盒准备食用时，竟发现该燕窝已经有点发霉，根本无法食用。于是，他们找到旅行社交涉，要求对方予以调换变质燕窝，但旅行社却表示，张大爷没有拿出该燕窝已经变质的相关鉴定和证明，因此拒绝了他的调换请求。在导游的引导下买回了伪劣产品，旅行社却不负责任，不由让张大爷一家感到非常郁闷。

张大爷认为，自己参加旅行社组织的出境游，并在旅行社指定的商店内购买了产品，旅行社就该对产品质量负责。

案例评析

类似投诉并不仅仅张大爷一例，一般来说，这类纠纷容易发生在境外游的时候，因为国外商品一般都是全外文包装，消费者一不留神就往往上当。游客在旅游点买到伪劣商品，责任究竟该谁来承担呢？对此，如果是在旅行社指定商店买回了伪劣产品，相关鉴定和证明都具备的话，旅行社应该承担相应责任。而如果游客自己找商场购物的话，那么所买的商品质量应由自己负责。

不过，由于有些商品本身具有保质期和注意事项，因此游客

自身也应多加注意。一旦发生这方面的纠纷，消费者可以向旅游专业办公室寻求咨询和帮助。

9. 不买东西就甩团，黑心旅行社要担责

【案情简介】

张老师等几位退休老教师一起报名参加了某旅行社组织的“新马泰八日游”。到达泰国后，当地的地陪旅行社导游将游客带到购物中心购物。因全团人员无心购物，导游竟扬长而去，将游客甩在泰国大街上，游客们好不容易才返回酒店。3 天后，游客们才等来一个自称不是导游的男子，他将游客送到机场。回国后，张老师等人把该旅行社告上了法庭。

案例评析

旅游者购物不踊跃，导游无法拿到回扣便弃团而去，这是违法的，侵犯了旅游者的权益，对于境外旅行社违约使旅游者权益受损的，组织出境旅游的境内旅行社应承担赔偿责任，然后可向违约的境外旅行社追偿。

10. 住宿损失谁埋单

【案情简介】

刘奶奶去九寨沟游玩时，遇到了这样一件倒霉事：某天晚上刚从景点回到旅行社指定的宾馆房间一会儿，由于电线老化，同一楼层的另一间房间忽然蹿出火苗，引发宾馆火警。众人听到警报纷纷逃出所在房间，刘奶奶也随着人流逃到安全地带。待火警

解除，刘奶奶回到自己的房间，却发现自己的行李箱、数码相机等多件私人物品因火势的蔓延，受到不同程度的损坏。

旅程结束后，刘奶奶等多名旅游者以宾馆起火造成经济损失为由，向旅行社提出索赔。但旅行社方面拒绝了刘奶奶等人的索赔要求，理由是没有任何规章制度规定旅行社必须承担本次事件的法律责任。这让刘奶奶觉得十分纳闷：旅行途中在旅行社指定宾馆发生了意外，其责任难道不该由旅行社承担吗？无奈之下，刘奶奶只得将该旅行社告上法庭。

案例评析

电线老化而引发的火灾，究其原因是宾馆对其设施的检修和更新不够及时，故最终判决，本次事件的法律责任应由事件中的第三方，即宾馆方承担。由于宾馆的不慎，导致了游客的人身权、财产权遭受损害，所有赔偿责任均应由宾馆方单独承担，而旅行社不承担任何法律责任。

对于刘奶奶的疑问，从法律上讲，旅行社的角色仅仅是服务中介机构，当游客在旅行期间发生意外时，旅行社可依据与第三方签订的合同向利益受害的游客进行相应赔偿，当然，游客与旅行社事先签订的旅游合同中有特殊约定的，或者相关法律法规另行明文规定的情况除外。从具体法条上分析，旅行社可以减免法律责任的具体情况有：来自自然和社会的不可抗力的因素，由游客自身原因造成过错的因素，有第三方的责任因素，有交通部门出现问题而导致接待计划不能正常执行的因素等。

一般游客在面对突发状况引发的意外时，第一反应往往与刘奶奶一样，选择向与自己订立合同的旅行社索取赔偿。这样的做法有时有用是因为大多数旅行社会先向游客进行赔偿，然后再按其与第三方的合同向第三方追偿。但旅行社也有权利拒绝索赔，因为这些并不是旅行社的义务。多数情况下，旅行社只充当中间者和代办者的角色——旅行社与旅游者的双方关系间还存在着“第三者”，包括旅游景点、住宿宾馆、交通车辆、娱乐场所、吃饭餐厅等等。在这些环节上出现差错，只要旅行社自身无过错，其不承担法律责任的行为虽不合情，却是合理且合法的。在旅行社拒绝先代为给予赔偿的情况下，游客可与第三接待方（如此案中的宾馆方）进行交涉，索取赔偿。

篇

自助游、出境游

◈ 核心提示

自助游

自助游因其个性化、灵活而越来越受欢迎，包括现在热起的自驾游也属此类。但多数没有自助游过的人心中没有底，很难迈出第一步。我作为较早深入自助游的过来人，总结了一些经验，尤其是西部旅游环境恶劣的经验。当然，自助游不等于户外运动，它并不需要什么专业知识，对人也没什么要求。应该说，自助游的主要问题是防上当受骗、防多花冤枉钱以及自我保护等。总之最好的自助游是能达到自己出游时的目标，少出事故、少留遗憾就行了，不在乎这个目标在旁人看来合理与否。1. 人身安全是首要问题，也是亲人（不要总想着自己）最担心的问题，当今人的成本越来越高，自己安全就等于使家庭安全。2. 财产安全问题，自助游经常出没于车站、大街等公共场所，盗抢随时发生。3. 自助游建议对住宿要求不要太高。一般而言，住宿只是一张床而已，安全、干净、安静、方便相信对于大部分人是可以接受的，星级酒店性价比相对不高。4. 出门前多了解当地自助游的资讯，花钱时心中就有数了。现在网络是最佳的一最丰富的信息渠道，其他的报刊可以说毫无意义。但要防止两种倾向：一是信息绝对化，非要找最便宜最有特色的场所；二是全无信息化，美其名曰无拘无束，可直到花冤枉钱，浪费时间了还不知道早被广为传播的问题。

出境游

随着生活水平的不断提高，出境游日益成为许多老年朋友的出行选择，但相对于国内游，出境游过程中的许多细节还需注意：

一、出发前的准备

1. 请务必带齐护照、身份证、机票、个人旅行用品，准备时刻到达集合地点集中，并在胸前佩戴好旅行团团章，以便领队识别。

2. 由于环保意识，境外酒店往往没有一次性用品，请游客自备毛巾、牙刷、牙膏、茶叶、拖鞋及个人常用必备药品等。准备衣物一定要注意世界各地天气预报，旅行着装除特殊场合有要求外，应以轻便舒适为主。

3. 其他应带物品：雨伞、相机、胶卷等。

4. 事先将托运和手提行李分好，建议您使用带轮子的行李箱，以方便随身携带。大件行李免费托运 20 公斤（超重需自付现金），手提行李不得超过两件，国外个别航空公司只限一件，规格不超过 56cm × 36cm（22cm × 12cm × 19cm）为准，抵达目的地后，先取回托运行李，后过海关。

二、出境

出境允许携带货币：每人限带人民币现金不超过 6000 元，外币方面，港币每人不超过 8000 元，或美金每人不超过 2000 元。中成药价值人民币 300 元、工艺品价值人民币 1000 元以下，免税烟一条，酒一瓶。摄像机、高级照相机必须在海关申报，以免返境时过关要上税。

三、过关

集体出境过关，要听从领队指挥，不要私自行动。切记不要帮助陌生人带行李，以防被人利用。出境前防疫费用自付。请注意各国海关关于出入境的规定。各国出入境卡均可由领队协助填写。

四、安全事项

1. 集体活动为最安全的旅行方式，在旅途中请不要离团单独行动。每到一站一定要记下所住酒店地址、电话、领队、导游房号、旅游车牌号、司机联系电话等，以备万一走失可找到团队。参观旅游景点或安排自由活动时一定要记清楚集合时间、地点，离开团队即使只有几分钟也要向领队或团友打招呼。离开酒店外出时，务必索取酒店名片，以便坐车及问路。

2. 注意保管好旅行证件及个人财物，乘飞机时不可将贵重物品放在托运行李内。相机、摄像机、相机用电池也不应托运。收到托运行李后一定要将上面的旧条子去掉，以免下次托运时出错。贵重财物及证件随身携带，如果在酒店内或旅游车内遗失物品，酒店或司机将不予负责。

3. 注意各国汽车行驶方向，以保证交通安全。

五、住宿行游注意事项

1. 由于各国饮食文化的差异，出境游团队用餐有时中国游客难以接受，请您“入乡随俗”，尊重当地的饮食习惯。安排自助餐时，请注意以节约为原则，吃多少拿多少，切勿浪费，国外以冻饮用水为主，如需热水或茶可叫服务员另送上，但要付小费。个人的饮食习惯的特殊要求可随时向领队提出，领队一定会尽力帮您。

2. 住宿方面：抵达酒店后，听从领队、导游安排，原则是两人一房，自由组合。要记住领队及导游的房号，以便需要帮助时可以找到他们。退房时请提前结清房间提供的饮料、食品、洗涤和长途电话费用。

3. 旅游途中主要交通工具是旅游巴士，所以请维护车内卫生。有的国家对司机的作息有法律方面的保障，因此，夜间要求司机加班往往会遭到拒绝。因为环保因素，法律规定司机停车时是不许开空调的，否则会被罚款。请尊重当地的风俗习惯。

六、出入境注意事项

1. 我国外汇管理局规定，出国人员可携带最多不超过2000美元的等值货币出境。

2. 客人在中国出境时，如有手机、录像机、自动照相机，请申报。

3. 请了解您此次旅行的选中航空公司航班时刻情况。

4. 进入香港需填写入境登记卡，特注此卡第二联在离港时将向港移民局提供。西欧国家出入境均无须填写登记卡，但在出入移民局关口时需听领导人指挥，排队出入。

5. 贵重物品及护照请随身携带，切勿收藏在行李箱内。抵达目的地后应将护照交与团组导游统一保管，一个疏忽或不慎会直接影响整个团队行程。

6. 西欧常规旅行使用三星级连锁酒店，与我国国际酒店比较，普遍酒店大堂比较小，无商场，电梯每次只能乘两人。酒店无一次性使用物品和牙刷、牙膏、拖鞋、电热水瓶。酒店服务人员通过红外线电脑管理收费电视频道及冰箱饮品。每到一地酒店，请记住导游房间号及取一份此酒店的介绍卡。

7. 全程旅行主要使用高速豪华大巴，双层座位，由前、中两门登车，夏天有空调，身体不适者还需准备便衣，以防旅途生病影响旅行。

8. 司机为外籍专职司机，导游为中文专职导游，他们工资不高，在国外有付小费惯例，请您每天准备4美元（司机导游每天各储2美元）以鼓励他们为您服务。

9. 您的早餐是在酒店的西餐厅享用，西欧各国根据本国人民不同的生活习惯，早餐并不一致，法、瑞、意早餐较简单需注意。早晚餐为适合中国人的口味均安排在中餐馆享用（长途旅程

用于高速公路快餐厅)，饭前有茶，标准是五菜一汤，饭后有水果一盘。(无饭量限制，有提供小碟椒酱开胃)

10. 请谨记旅程中集合时间及地点，旅程中若遇特殊情况须调整，当以依附导游安排后通知为准。

11. 为避免不必要之事件和不愉快之事情发生，请在旅途中要严格遵守团组纪律，一切服从导游安排，切勿触怒或在行动及言语上诋毁和侮辱其他人员，否则，本公司领队导游将会令其离团，其后果与损失及责任自负。

12. 欧洲酒店内的电讯服务费较高，如需与国际通讯可购卡使用公用电话，国内的照相胶卷、电池均比欧洲便宜。

13. 旅途中须注意安全并严防扒手。当有陌生人靠近您时应提高警惕，注意他的动作细节，贵重物品不要放在车上、房间，必要时可放在酒店保险柜。

14. 出国商务旅行，须配备一些惯用的平安药及紧急医疗用品，以应不时之需。

15. 如遇飞机中转，不要随意离开团队，如有困难可及时找机场工作人员出示机票以求帮助。

1. 通过网络参加自助游，出现危险，同游者是否要担责

【案情简介】

2006年7月7日，梁先生在南宁时空网上发帖，邀请驴友到武鸣县赵江进行户外探险活动，费用采取AA制。时年21岁的“手手”于7月8日上午，乘坐团队的车辆到达武鸣县两江镇的赵江，与梁先生等人一起进行户外探险活动。当晚，该团队在赵江河谷中扎帐篷露营。从晚上至次日凌晨，露营地区连下几场大雨。7月9日7时许，大雨导致山洪暴发，在河谷中扎的帐篷及“手手”被洪水冲走。此后，武鸣县两江镇政府组织

的搜救队在赵江下游离事发地点大约3公里处找到“手手”的遗体。

2006年8月4日，“手手”的父母向南宁市青秀区法院起诉。一审判决“驴首”梁先生赔偿原告死亡赔偿金等共163540.35元，其余11名驴友连带赔偿各项经济损失48385.09元。梁先生等人不服，提起上诉。

2007年3月13日，南宁市中院开庭审理此案。法院认为，梁先生等人及“手手”系成年人，有完全民事行为能力，对户外集体探险具有一定风险应当明知。参与者没有具体的组织分工，也没有公推梁先生为组织者。活动费用是AA制，不存在梁先生通过此次活动营利的行为。在活动中突遇山洪导致“手手”死亡，属不可抗力造成的意外身亡，上诉人已尽必要的救助义务，主观上并无过错。但根据相关法律规定，当事人仍应分担民事责任，给予被上诉人以经济上的适当补偿。梁先生作为发起人，应比其他参与者适当多分担责任。判定上诉人梁先生补偿已故驴友“手手”的父母3000元；其余11名上诉人各补偿2000元。

案例评析

在我国，自助游是近年兴起的一种旅游方式。其通常是参加者自由结合、自愿参加；由一个或数个组织者负责安排路线、行程等事宜，组织者也是活动的参加者，对其他参加者没有绝对的管理权；活动费用由参加者平均负担，活动不具有营利性质。

从自助游的性质来看，组织者并不从中获取利润。因而，该类活动的组织者应当承担的责任不同于商业性营利活动的组织者。

从自助游的组织形式来看，自助游的组织者只负责召集参加者、安排路线行程、管理费用支出等，活动中一些事项尚需参加者共同决定，因而这种管理是松散型的，组织者对于参加者并没有很大的支配权。在社会活动中，组织者对参加者管理越多，决定的事项越多，承担的安全保障义务就越重，反之亦然。因而，从组织形式来看，自助游的组织者也不应承担过重的安全保障义务。

此外，还应考虑参加者自冒风险的前提。在一般的社会活动中，不应该有超出日常生活的不合理危险，因而组织者的安全保障义务较重。而在自助游活动自冒风险的前提下，组织者对于自助游本身的风险导致的损害是可以免责的。

因此，自助游的组织者所应当尽到的安全保障义务较轻，并且只应当承担过错责任。在过错的认定上，也应当结合客观实际情况进行判断。因为在复杂的自然环境中，不能要求组织者的每一个决定都是正确的，只要不是明显的、重大的错误，就不应当要求其承担责任。

所以，对于自助游，其组织者及参加者并非不承担安全保障义务，但由于本案的损害是由意外导致的，因此活动的组织者和参加者不应当承担过错责任。

如果要组织或参加自助游特别是含有冒险内容的自助游，则应当充分注意以下几点：（一）自助游的组织者和参加者在活动的组织、召集过程中均应当诚信地公布自身的情况。组织者的能力、经验应当让参加者知晓，以便参加者作出判断、选择。参加者应当说明自身条件，并根据自身条件选择相适应的活动。（二）自助游的组织者应当谨慎、负责地安排活动。审慎选择路线，并充分考虑风险的存在。（三）组织者应预先考虑相应风险出现时的应对措施，并应当掌握一定的救助手段。在危险发生时，应积极救助。其他参加者也应当在自身条件许可的情况下，进行力所能及的救助。但不应要求他们冒过大风险，也不应要求他们采取的措施如专业救援人员一样有效。

总之，无论是对于自助游的组织者还是参加者来说，从事自助游活动一定要量力而行，时刻把安全放在首位，尽量把风险控制到最小，只有如此，才可能从中体会到乐趣。

2. 自助游组织者虚报费用，参与者如何维权

【案情简介】

2004 年 1 月 13 日，网民“狐狸”在绿野网站上发帖，组织春节山西自助游。帖中写明了活动时间、路线、大约的费用，活动领队为“狐狸”、“大头”，队医为“脚印”，活动为 AA 制，费用为 880 元，保险费为 20 元。该帖发出后，立即得到网民响应，共有 20 余名网友报名参加了活动。

活动结束后，“狐狸”在网站上公布了财务报告，但这份财务报告引起了网友们的争议，认为财务报告中租用中巴车费虚报了 5000 元，租用捷达车费、汽油费及对讲机费用也均与实际不符。为此，12 名参加了活动的网友将“狐狸”、“脚印”告上法庭，其中 11 人要求退还旅游费用 500 元，1 人要求退还 200 元，并全部要求赔偿精神损失费。

面对网友的起诉，“狐狸”辩称，他没有占用任何活动费用，反而为此次活动垫付了 1169 元。网友的说法仅是其无端猜疑和推测。被告“脚印”辩称，他并未参加此次活动，更未占有原告的任何活动费用。

案例评析

民事活动应以公平自愿、等价有偿、诚实信用为准则。根据自助游费用AA制的要求，被告“狐狸”作为自助游组织者，在对旅游经费管理时，应做到收支公开、透明，公费共用，以诚实信用的品德如实报告费用实际使用情况，不能虚报、谎报，从中营利。否则，不仅与AA制的事先约定相悖，也与诚信原则相悖，损害了他人的民事权益；另外，也侵害了参加自助游的网友们对经费使用状况的知情权。

“狐狸”组织网友参加自助游活动，不应该有任何个人营利行为。经核实，“狐狸”支付了中巴车司机5500元租赁费，在网站上却列出10500元费用，属于多列开支；捷达车油费中亦有个别票据不实。故这些多收的费用应当返还，具体数额以法院核实的为准，并在参加活动的人中公摊。

据此，法院判决被告“狐狸”返还11名原告各209.88元，另1名原告200元。网友所提的精神赔偿部分，于法无据不予支持，队医“脚印”并未参加活动，不承担责任。

3. 参加旅行社组织的自助游，出现意外，由谁负责

【案情简介】

2008年3月，身为律师的吴女士与新婚丈夫一起参加了由海洋国际旅行社组织的“马尔代夫四晚六日自由行”。

但没想到原本的蜜月旅行却变成了日后的痛心回忆。3月22日上午9时左右，吴女士到酒店附近水域潜水，但11时30分，却在深水区域被发现溺水身亡。事后，吴女士的家属将海洋国际旅行社告到法院，理由是旅行社未按合同约定召开行前说明会，

也没有针对游客在马尔代夫浮潜、游泳的安全避险事项进行警示、说明，向法院提起了120万元的索赔。

案例评析

双方在合同中约定为“自由行”，由于双方并未约定领队及导游服务，因此吴女士夫妇每日的具体旅游项目呈不特定状态，作为旅行社无从知晓、预知或控制任何事件的发生。因此法院认为，旅行社应承担的是与其服务相对应的安全保障义务，吴女士自己安排的活动下产生的后果应由其自行承担责任。法院在判决中特别强调，吴女士作为成年人应该意识到潜水的危险，但她却未能注意自身安全，所以她自身应承担主要责任。但法院也考虑到马尔代夫作为印度洋上的岛国，到该国游览大部分项目都是与海上项目有关，包括浮潜。对于旅行社来讲，应理智地告知旅游者相应的风险性，进行安全提醒，这也是合同的一种附随义务。由于海洋旅行社并未提供证据证明其履行了提醒义务，因此也应承担一定的责任。最终，法院判决海洋国际旅行社赔偿吴女士家属死亡赔偿金、交通费、食宿费、丧葬费等共计14万余元。

4. 参加出境自由行，因签证问题无法出境，旅行社是否应担责

【案情简介】

刘奶奶和老伴参加某旅行社组织的出境自由行，双方约定，旅行社负责代购机票、预订酒店，费用由刘奶奶自行负担，签证由刘奶奶自行办理。但出发当天，老两口却在机场

被告知旅游团名单中没有他们的名字，原因在于他们没有办理签证，刘奶奶以未被旅行社告知应当办理签证为由，将旅行社告上法庭。

案例评析

本案中的情况，应当依照双方的过错程度来划分损失的承担责任。刘奶奶未办理签证出境手续，造成未能按期出国应当承担一定的责任，但旅行社方面除负责代购机票、代订酒店外，也应承担对原告的出境手续进行审查的义务。由于旅行社未能提供证据，证明已经履行了上述义务，因此，对于刘奶奶的损失，也需承担一定的赔偿责任。最终，法院判决旅行社赔偿刘奶奶的机票费及酒店费用损失共计 8000 余元。

5. 旅游同伴未归国，旅行社不退保证金是否有理

【案情简介】

2005 年，赵先生与朋友曹某共同参加美国、墨西哥豪华游轮旅游项目。两人向加勒精致管理顾问公司交纳了出国押金共计 19.5 万元。加勒公司向赵先生出具收条，载明收取两人押金共计 19.5 万元，待二人 2005 年 10 月 25 日按期回到中国交回护照销签后，凭收条原件退回所交押金。然而旅游结束时，只有赵先生按期回国，曹某至今未回国。加勒精致管理顾问公司因此拒绝返还押金，但是赵先生认为交纳的押金中有自己的 1/2，他已经按期回国，属于履约行为，加勒公司应当返还自己的那部分押金，所以起诉讨要 10 万元押金。

案例评析

我国合同法第一百一十五条规定："当事人可以依照《中华人民共和国担保法》约定一方向对方给付定金作为债权的担保。债务人履行债务后，定金应当抵作价款或者收回。给付定金的一方不履行约定的债务的，无权要求返还定金；收受定金的一方不履行约定的债务的，应当双倍返还定金。"本案中，依照收条上的约定，赵先生与曹某未履行应尽之义务。而且收条上并未明确赵先生与曹某各自所交押金的实际数额，所以赵先生要求返还押金的数额涉及曹某的利益，赵先生不能单独向加勒精致管理顾问公司主张返还押金，法院最终驳回了赵先生要求旅游组织者北京加勒精致管理顾问公司返还10万元押金的诉讼请求。

6. 境外购物，入境时是否需要缴税

【案情简介】

从台湾转道香港返甬的陈女士在入境时一番折腾后才出了机场：原来她在台湾买了一台笔记本电脑，在过绿色无申报通道时，机场旅检科关员在例行检查中查到了这台不属于免税范围的电脑。宁波海关机场办事处统计显示，2009年1~7月，宁波空港入境旅客携带的应税商品主要集中在手表、电脑及电视机上，但无一旅客主动申报纳税。

据宁波海关机场旅检科的关员介绍，一些旅客由于没有意识到从国外购买商品归国需要缴税，或是不清楚到底多少数量的商品达到缴税的标准，所以在进境时没有报税。为此，他提醒出境人员：在携带境外商品入境时，超出自用合理数量范围的商品需要按规定征税，税率从10%~50%不等，如化妆品、摄录一体

机、数码相机等的税率为 20%。

案例评析

我国境内航空口岸进出境的旅客都需要填写《中华人民共和国进（出）境旅客行李物品申报单》，向海关提交书面申报，旅客从境外带回的物品总值超过 5000 元的额外商品，海关将按规定征税。

我国的入境申报办法规定，出境游客从境外带回的物品设 5000 元人民币的限额，超出部分海关将予以征税。对于游客携带物品价值的认定，海关规定，“以海关审定的完税价格为准”。物品价值并不是指购物价格，而要根据海关总署在 2002 年 2 月 9 日修订的“入境旅客行李物品和个人邮递物品完税价格表”来确认。根据规定，入境游客行李物品分为三类征税：第一类的税率为 10%，主要包括书报，金、银、珠宝及其制品，食品、补品、药品等；第二类的税率为 20%，主要包括纺织品及其制品，照相机、数码相机、摄像机、其他电器用具，手表、钟表及其配件，化妆品等；第三类的税率为 50%，包括烟和酒。

附　录

旅行社条例（节选）

第四章　旅行社经营

第二十四条　旅行社向旅游者提供的旅游服务信息必须真实可靠，不得作虚假宣传。

第二十五条　经营出境旅游业务的旅行社不得组织旅游者到国务院旅游行政主管部门公布的中国公民出境旅游目的地之外的国家和地区旅游。

第二十六条　旅行社为旅游者安排或者介绍的旅游活动不得含有违反有关法律、法规规定的内容。

第二十七条　旅行社不得以低于旅游成本的报价招徕旅游者。未经旅游者同意，旅行社不得在旅游合同约定之外提供其他有偿服务。

第二十八条　旅行社为旅游者提供服务，应当与旅游者签订旅游合同并载明下列事项：

（一）旅行社的名称及其经营范围、地址、联系电话和旅行社业务经营许可证编号；

（二）旅行社经办人的姓名、联系电话；

（三）签约地点和日期；

（四）旅游行程的出发地、途经地和目的地；

（五）旅游行程中交通、住宿、餐饮服务安排及其标准；

（六）旅行社统一安排的游览项目的具体内容及时间；

（七）旅游者自由活动的时间和次数；

（八）旅游者应当交纳的旅游费用及交纳方式；

（九）旅行社安排的购物次数、停留时间及购物场所的名称；

（十）需要旅游者另行付费的游览项目及价格；

（十一）解除或者变更合同的条件和提前通知的期限；

（十二）违反合同的纠纷解决机制及应当承担的责任；

（十三）旅游服务监督、投诉电话；

（十四）双方协商一致的其他内容。

第二十九条 旅行社在与旅游者签订旅游合同时，应当对旅游合同的具体内容作出真实、准确、完整的说明。

旅行社和旅游者签订的旅游合同约定不明确或者对格式条款的理解发生争议的，应当按照通常理解予以解释；对格式条款有两种以上解释的，应当作出有利于旅游者的解释；格式条款和非格式条款不一致的，应当采用非格式条款。

第三十条 旅行社组织中国内地居民出境旅游的，应当为旅游团队安排领队全程陪同。

第三十一条 旅行社为接待旅游者委派的导游人员或者为组织旅游者出境旅游委派的领队人员，应当持有国家规定的导游证、领队证。

第三十二条 旅行社聘用导游人员、领队人员应当依法签订劳动合同，并向其支付不低于当地最低工资标准的报酬。

第三十三条 旅行社及其委派的导游人员和领队人员不得有下列行为：

（一）拒绝履行旅游合同约定的义务；

（二）非因不可抗力改变旅游合同安排的行程；

（三）欺骗、胁迫旅游者购物或者参加需要另行付费的游览项目。

第三十四条 旅行社不得要求导游人员和领队人员接待不支付接待和服务费用或者支付的费用低于接待和服务成本的旅游团

队，不得要求导游人员和领队人员承担接待旅游团队的相关费用。

第三十五条 旅行社违反旅游合同约定，造成旅游者合法权益受到损害的，应当采取必要的补救措施，并及时报告旅游行政管理部门。

第三十六条 旅行社需要对旅游业务作出委托的，应当委托给具有相应资质的旅行社，征得旅游者的同意，并与接受委托的旅行社就接待旅游者的事宜签订委托合同，确定接待旅游者的各项服务安排及其标准，约定双方的权利、义务。

第三十七条 旅行社将旅游业务委托给其他旅行社的，应当向接受委托的旅行社支付不低于接待和服务成本的费用；接受委托的旅行社不得接待不支付或者不足额支付接待和服务费用的旅游团队。

接受委托的旅行社违约，造成旅游者合法权益受到损害的，作出委托的旅行社应当承担相应的赔偿责任。作出委托的旅行社赔偿后，可以向接受委托的旅行社追偿。

接受委托的旅行社故意或者重大过失造成旅游者合法权益受到损害的，应当承担连带责任。

第三十八条 旅行社应当投保旅行社责任险。旅行社责任险的具体方案由国务院旅游行政主管部门会同国务院保险监督管理机构另行制定。

第三十九条 旅行社对可能危及旅游者人身、财产安全的事项，应当向旅游者作出真实的说明和明确的警示，并采取防止危害发生的必要措施。

发生危及旅游者人身安全的情形的，旅行社及其委派的导游人员、领队人员应当采取必要的处置措施并及时报告旅游行政管理部门；在境外发生的，还应当及时报告中华人民共和国驻该国使领馆、相关驻外机构、当地警方。

第四十条　旅游者在境外滞留不归的，旅行社委派的领队人员应当及时向旅行社和中华人民共和国驻该国使领馆、相关驻外机构报告。旅行社接到报告后应当及时向旅游行政管理部门和公安机关报告，并协助提供非法滞留者的信息。

旅行社接待入境旅游发生旅游者非法滞留我国境内的，应当及时向旅游行政管理部门、公安机关和外事部门报告，并协助提供非法滞留者的信息。

第五章　监督检查

第四十一条　旅游、工商、价格、商务、外汇等有关部门应当依法加强对旅行社的监督管理，发现违法行为，应当及时予以处理。

第四十二条　旅游、工商、价格等行政管理部门应当及时向社会公告监督检查的情况。公告的内容包括旅行社业务经营许可证的颁发、变更、吊销、注销情况，旅行社的违法经营行为以及旅行社的诚信记录、旅游者投诉信息等。

第四十三条　旅行社损害旅游者合法权益的，旅游者可以向旅游行政管理部门、工商行政管理部门、价格主管部门、商务主管部门或者外汇管理部门投诉，接到投诉的部门应当按照其职责权限及时调查处理，并将调查处理的有关情况告知旅游者。

第四十四条　旅行社及其分社应当接受旅游行政管理部门对其旅游合同、服务质量、旅游安全、财务账簿等情况的监督检查，并按照国家有关规定向旅游行政管理部门报送经营和财务信息等统计资料。

第四十五条　旅游、工商、价格、商务、外汇等有关部门工作人员不得接受旅行社的任何馈赠，不得参加由旅行社支付费用的购物活动或者游览项目，不得通过旅行社为自己、亲友或者其他个人、组织谋取私利。

第六章 法律责任

第四十六条 违反本条例的规定，有下列情形之一的，由旅游行政管理部门或者工商行政管理部门责令改正，没收违法所得，违法所得10万元以上的，并处违法所得1倍以上5倍以下的罚款；违法所得不足10万元或者没有违法所得的，并处10万元以上50万元以下的罚款：

（一）未取得相应的旅行社业务经营许可，经营国内旅游业务、入境旅游业务、出境旅游业务的；

（二）分社的经营范围超出设立分社的旅行社的经营范围的；

（三）旅行社服务网点从事招徕、咨询以外的活动的。

第四十七条 旅行社转让、出租、出借旅行社业务经营许可证的，由旅游行政管理部门责令停业整顿1个月至3个月，并没收违法所得；情节严重的，吊销旅行社业务经营许可证。受让或者租借旅行社业务经营许可证的，由旅游行政管理部门或者工商行政管理部门责令停止非法经营，没收违法所得，并处10万元以上50万元以下的罚款。

第四十八条 违反本条例的规定，旅行社未在规定期限内向其质量保证金账户存入、增存、补足质量保证金或者提交相应的银行担保的，由旅游行政管理部门责令改正；拒不改正的，吊销旅行社业务经营许可证。

第四十九条 违反本条例的规定，旅行社不投保旅行社责任险的，由旅游行政管理部门责令改正；拒不改正的，吊销旅行社业务经营许可证。

第五十条 违反本条例的规定，旅行社有下列情形之一的，由旅游行政管理部门责令改正；拒不改正的，处1万元以下的罚款：

（一）变更名称、经营场所、法定代表人等登记事项或者终止经营，未在规定期限内向原许可的旅游行政管理部门备案，换领或者交回旅行社业务经营许可证的；

（二）设立分社未在规定期限内向分社所在地旅游行政管理部门备案的；

（三）不按照国家有关规定向旅游行政管理部门报送经营和财务信息等统计资料的。

第五十一条 违反本条例的规定，外商投资旅行社经营中国内地居民出国旅游业务以及赴香港特别行政区、澳门特别行政区和台湾地区旅游业务，或者经营出境旅游业务的旅行社组织旅游者到国务院旅游行政主管部门公布的中国公民出境旅游目的地之外的国家和地区旅游的，由旅游行政管理部门责令改正，没收违法所得，违法所得10万元以上的，并处违法所得1倍以上5倍以下的罚款；违法所得不足10万元或者没有违法所得的，并处10万元以上50万元以下的罚款；情节严重的，吊销旅行社业务经营许可证。

第五十二条 违反本条例的规定，旅行社为旅游者安排或者介绍的旅游活动含有违反有关法律、法规规定的内容的，由旅游行政管理部门责令改正，没收违法所得，并处2万元以上10万元以下的罚款；情节严重的，吊销旅行社业务经营许可证。

第五十三条 违反本条例的规定，旅行社向旅游者提供的旅游服务信息含有虚假内容或者作虚假宣传的，由工商行政管理部门依法给予处罚。

违反本条例的规定，旅行社以低于旅游成本的报价招徕旅游者的，由价格主管部门依法给予处罚。

第五十四条 违反本条例的规定，旅行社未经旅游者同意在旅游合同约定之外提供其他有偿服务的，由旅游行政管理部门责令改正，处1万元以上5万元以下的罚款。

第五十五条 违反本条例的规定，旅行社有下列情形之一的，由旅游行政管理部门责令改正，处2万元以上10万元以下的罚款；情节严重的，责令停业整顿1个月至3个月：

（一）未与旅游者签订旅游合同；

（二）与旅游者签订的旅游合同未载明本条例第二十八条规定的事项；

（三）未取得旅游者同意，将旅游业务委托给其他旅行社；

（四）将旅游业务委托给不具有相应资质的旅行社；

（五）未与接受委托的旅行社就接待旅游者的事宜签订委托合同。

第五十六条 违反本条例的规定，旅行社组织中国内地居民出境旅游，不为旅游团队安排领队全程陪同的，由旅游行政管理部门责令改正，处1万元以上5万元以下的罚款；拒不改正的，责令停业整顿1个月至3个月。

第五十七条 违反本条例的规定，旅行社委派的导游人员和领队人员未持有国家规定的导游证或者领队证的，由旅游行政管理部门责令改正，对旅行社处2万元以上10万元以下的罚款。

第五十八条 违反本条例的规定，旅行社不向其聘用的导游人员、领队人员支付报酬，或者所支付的报酬低于当地最低工资标准的，按照《中华人民共和国劳动合同法》的有关规定处理。

第五十九条 违反本条例的规定，有下列情形之一的，对旅行社，由旅游行政管理部门或者工商行政管理部门责令改正，处10万元以上50万元以下的罚款；对导游人员、领队人员，由旅游行政管理部门责令改正，处1万元以上5万元以下的罚款；情节严重的，吊销旅行社业务经营许可证、导游证或者领队证：

（一）拒不履行旅游合同约定的义务的；

（二）非因不可抗力改变旅游合同安排的行程的；

（三）欺骗、胁迫旅游者购物或者参加需要另行付费的游览项目的。

第六十条　违反本条例的规定，旅行社要求导游人员和领队人员接待不支付接待和服务费用、支付的费用低于接待和服务成本的旅游团队，或者要求导游人员和领队人员承担接待旅游团队的相关费用的，由旅游行政管理部门责令改正，处2万元以上10万元以下的罚款。

第六十一条　旅行社违反旅游合同约定，造成旅游者合法权益受到损害，不采取必要的补救措施的，由旅游行政管理部门或者工商行政管理部门责令改正，处1万元以上5万元以下的罚款；情节严重的，由旅游行政管理部门吊销旅行社业务经营许可证。

第六十二条　违反本条例的规定，有下列情形之一的，由旅游行政管理部门责令改正，停业整顿1个月至3个月；情节严重的，吊销旅行社业务经营许可证：

（一）旅行社不向接受委托的旅行社支付接待和服务费用的；

（二）旅行社向接受委托的旅行社支付的费用低于接待和服务成本的；

（三）接受委托的旅行社接待不支付或者不足额支付接待和服务费用的旅游团队的。

第六十三条　违反本条例的规定，旅行社及其委派的导游人员、领队人员有下列情形之一的，由旅游行政管理部门责令改正，对旅行社处2万元以上10万元以下的罚款；对导游人员、领队人员处4000元以上2万元以下的罚款；情节严重的，责令旅行社停业整顿1个月至3个月，或者吊销旅行社业务经营许可证、导游证、领队证：

（一）发生危及旅游者人身安全的情形，未采取必要的处置措施并及时报告的；

（二）旅行社组织出境旅游的旅游者非法滞留境外，旅行社未及时报告并协助提供非法滞留者信息的；

（三）旅行社接待入境旅游的旅游者非法滞留境内，旅行社未及时报告并协助提供非法滞留者信息的。

第六十四条 因妨害国（边）境管理受到刑事处罚的，在刑罚执行完毕之日起五年内不得从事旅行社业务经营活动；旅行社被吊销旅行社业务经营许可的，其主要负责人在旅行社业务经营许可被吊销之日起五年内不得担任任何旅行社的主要负责人。

第六十五条 旅行社违反本条例的规定，损害旅游者合法权益的，应当承担相应的民事责任；构成犯罪的，依法追究刑事责任。

第六十六条 违反本条例的规定，旅游行政管理部门或者其他有关部门及其工作人员有下列情形之一的，对直接负责的主管人员和其他直接责任人员依法给予处分：

（一）发现违法行为不及时予以处理的；

（二）未及时公告对旅行社的监督检查情况的；

（三）未及时处理旅游者投诉并将调查处理的有关情况告知旅游者的；

（四）接受旅行社的馈赠的；

（五）参加由旅行社支付费用的购物活动或者游览项目的；

（六）通过旅行社为自己、亲友或者其他个人、组织谋取私利的。

第七章　附　则

第六十七条 香港特别行政区、澳门特别行政区和台湾地区的投资者在内地投资设立的旅行社，参照适用本条例。

第六十八条 本条例自 2009 年 5 月 1 日起施行。1996 年 10 月 15 日国务院发布的《旅行社管理条例》同时废止。

旅行社条例实施细则（节选）

第一章　总　则

第一条　根据《旅行社条例》（以下简称《条例》），制定本实施细则。

第二条　《条例》第二条所称招徕、组织、接待旅游者提供的相关旅游服务，主要包括：

（一）安排交通服务；

（二）安排住宿服务；

（三）安排餐饮服务；

（四）安排观光游览、休闲度假等服务；

（五）导游、领队服务；

（六）旅游咨询、旅游活动设计服务。

旅行社还可以接受委托，提供下列旅游服务：

（一）接受旅游者的委托，代订交通客票、代订住宿和代办出境、入境、签证手续等；

（二）接受机关、事业单位和社会团体的委托，为其差旅、考察、会议、展览等公务活动，代办交通、住宿、餐饮、会务等事务；

（三）接受企业委托，为其各类商务活动、奖励旅游等，代办交通、住宿、餐饮、会务、观光游览、休闲度假等事务；

（四）其他旅游服务。

前款所列出境、签证手续等服务，应当由具备出境旅游业务经营权的旅行社代办。

第三条 《条例》第二条所称国内旅游业务，是指旅行社招徕、组织和接待中国内地居民在境内旅游的业务。

《条例》第二条所称入境旅游业务，是指旅行社招徕、组织、接待外国旅游者来我国旅游，香港特别行政区、澳门特别行政区旅游者来内地旅游，台湾地区居民来大陆旅游，以及招徕、组织、接待在中国内地的外国人，在内地的香港特别行政区、澳门特别行政区居民和在大陆的台湾地区居民在境内旅游的业务。

《条例》第二条所称出境旅游业务，是指旅行社招徕、组织、接待中国内地居民出国旅游，赴香港特别行政区、澳门特别行政区和台湾地区旅游，以及招徕、组织、接待在中国内地的外国人、在内地的香港特别行政区、澳门特别行政区居民和在大陆的台湾地区居民出境旅游的业务。

第四条 对旅行社及其分支机构的监督管理，县级以上旅游行政管理部门应当按照《条例》、本细则的规定和职责，实行分级管理和属地管理。

第五条 鼓励旅行社实行服务质量等级制度；鼓励旅行社向专业化、网络化、品牌化发展。

第二章 [略]

第三章 [略]

第四章 旅行社经营规范

第二十六条 旅行社及其分社、服务网点，应当将《旅行社业务经营许可证》、《旅行社分社备案登记证明》或者《旅行社服务网点备案登记证明》，与营业执照一起，悬挂在经营场所的显要位置。

第二十七条　旅行社业务经营许可证不得转让、出租或者出借。

旅行社的下列行为属于转让、出租或者出借旅行社业务经营许可证的行为：

（一）除招徕旅游者和符合本实施细则第三十四条第一款规定的接待旅游者的情形外，准许或者默许其他企业、团体或者个人，以自己的名义从事旅行社业务经营活动的；

（二）准许其他企业、团体或者个人，以部门或者个人承包、挂靠的形式经营旅行社业务的。

第二十八条　旅行社设立的办事处、代表处或者联络处等办事机构，不得从事旅行社业务经营活动。

第二十九条　旅行社以互联网形式经营旅行社业务的，除符合法律、法规规定外，其网站首页应当载明旅行社的名称、法定代表人、许可证编号和业务经营范围，以及原许可的旅游行政管理部门的投诉电话。

第三十条　《条例》第二十六条规定的旅行社不得安排的活动，主要包括：

（一）含有损害国家利益和民族尊严内容的；

（二）含有民族、种族、宗教歧视内容的；

（三）含有淫秽、赌博、涉毒内容的；

（四）其他含有违反法律、法规规定内容的。

第三十一条　《条例》第三十四条所规定的旅行社不得要求导游人员和领队人员承担接待旅游团队的相关费用，主要包括：

（一）垫付旅游接待费用；

（二）为接待旅游团队向旅行社支付费用；

（三）其他不合理费用。

第三十二条　旅行社招徕、组织、接待旅游者，其选择的交通、住宿、餐饮、景区等企业，应当符合具有合法经营资格和接待服务能力的要求。

第三十三条 在签订旅游合同时，旅行社不得要求旅游者必须参加旅行社安排的购物活动或者需要旅游者另行付费的旅游项目。

同一旅游团队中，旅行社不得由于下列因素，提出与其他旅游者不同的合同事项：

（一）旅游者拒绝参加旅行社安排的购物活动或者需要旅游者另行付费的旅游项目的；

（二）旅游者存在的年龄或者职业上的差异。但旅行社提供了与其他旅游者相比更多的服务，或者旅游者主动要求的除外。

第三十四条 旅行社需要将在旅游目的地接待旅游者的业务作出委托的，应当按照《条例》第三十六条的规定，委托给旅游目的地的旅行社并签订委托接待合同。

旅行社对接待旅游者的业务作出委托的，应当按照《条例》第三十六条的规定，将旅游目的地接受委托的旅行社的名称、地址、联系人和联系电话，告知旅游者。

第三十五条 旅游行程开始前，当发生约定的解除旅游合同的情形时，经征得旅游者的同意，旅行社可以将旅游者推荐给其他旅行社组织、接待，并由旅游者与被推荐的旅行社签订旅游合同。

未经旅游者同意的，旅行社不得将旅游者转交给其他旅行社组织、接待。

第三十六条 旅行社及其委派的导游人员和领队人员的下列行为，属于擅自改变旅游合同安排行程：

（一）减少游览项目或者缩短游览时间的；

（二）增加或者变更旅游项目的；

（三）增加购物次数或者延长购物时间的；

（四）其他擅自改变旅游合同安排的行为。

第三十七条　在旅游行程中，当发生不可抗力、危及旅游者人身、财产安全，或者非旅行社责任造成的意外情形，旅行社不得不调整或者变更旅游合同约定的行程安排时，应当在事前向旅游者作出说明；确因客观情况无法在事前说明的，应当在事后作出说明。

第三十八条　在旅游行程中，旅游者有权拒绝参加旅行社在旅游合同之外安排的购物活动或者需要旅游者另行付费的旅游项目。

旅行社及其委派的导游人员和领队人员不得因旅游者拒绝参加旅行社安排的购物活动或者需要旅游者另行付费的旅游项目等情形，以任何借口、理由，拒绝继续履行合同、提供服务，或者以拒绝继续履行合同、提供服务相威胁。

第三十九条　旅行社及其委派的导游人员、领队人员，应当对其提供的服务可能危及旅游者人身、财物安全的事项，向旅游者作出真实的说明和明确的警示。

在旅游行程中的自由活动时间，旅游者应当选择自己能够控制风险的活动项目，并在自己能够控制风险的范围内活动。

第四十条　为减少自然灾害等意外风险给旅游者带来的损害，旅行社在招徕、接待旅游者时，可以提示旅游者购买旅游意外保险。

鼓励旅行社依法取得保险代理资格，并接受保险公司的委托，为旅游者提供购买人身意外伤害保险的服务。

第四十一条　发生出境旅游者非法滞留境外或者入境旅游者非法滞留境内的，旅行社应当立即向所在地县级以上旅游行政管理部门、公安机关和外事部门报告。

第四十二条　在旅游行程中，旅行社及其委派的导游人员、领队人员应当提示旅游者遵守文明旅游公约和礼仪。

第四十三条 旅行社及其委派的导游人员、领队人员在经营、服务中享有下列权利：

（一）要求旅游者如实提供旅游所必需的个人信息，按时提交相关证明文件；

（二）要求旅游者遵守旅游合同约定的旅游行程安排，妥善保管随身物品；

（三）出现突发公共事件或者其他危急情形，以及旅行社因违反旅游合同约定采取补救措施时，要求旅游者配合处理防止扩大损失，以将损失降低到最低程度；

（四）拒绝旅游者提出的超出旅游合同约定的不合理要求；

（五）制止旅游者违背旅游目的地的法律、风俗习惯的言行。

第四十四条 旅行社应当妥善保存《条例》规定的招徕、组织、接待旅游者的各类合同及相关文件、资料，以备县级以上旅游行政管理部门核查。

前款所称的合同及文件、资料的保存期，应当不少于两年。

旅行社不得向其他经营者或者个人，泄露旅游者因签订旅游合同提供的个人信息；超过保存期限的旅游者个人信息资料，应当妥善销毁。

第五章　监督检查

第四十五条 根据《条例》和本实施细则规定，受理旅行社申请或者备案的旅游行政管理部门，可以要求申请人或者旅行社，对申请设立旅行社、办理《条例》规定的备案时提交的证明文件、材料的原件，提供复印件并盖章确认，交由旅游行政管理部门留存。

第四十六条 县级以上旅游行政管理部门对旅行社及其分支

机构实施监督检查时，可以进入其经营场所，查阅招徕、组织、接待旅游者的各类合同、相关文件、资料，以及财务账簿、交易记录和业务单据等材料，旅行社及其分支机构应当给予配合。

县级以上旅游行政管理部门对旅行社及其分支机构监督检查时，应当由两名以上持有旅游行政执法证件的执法人员进行。

不符合前款规定要求的，旅行社及其分支机构有权拒绝检查。

第四十七条 旅行社应当按年度将下列经营和财务信息等统计资料，在次年 3 月底前，报送原许可的旅游行政管理部门：

（一）旅行社的基本情况，包括企业形式、出资人、员工人数、部门设置、分支机构、网络体系等；

（二）旅行社的经营情况，包括营业收入、利税等；

（三）旅行社组织接待情况，包括国内旅游、入境旅游、出境旅游的组织、接待人数等；

（四）旅行社安全、质量、信誉情况，包括投保旅行社责任保险、认证认可和奖惩等。

对前款资料中涉及旅行社商业秘密的内容，旅游行政管理部门应当予以保密。

第四十八条 《条例》第十七条、第四十二条规定的各项公告，县级以上旅游行政管理部门应当通过本部门或者上级旅游行政管理部门的政府网站向社会发布。

质量保证金存缴数额降低、旅行社业务经营许可证的颁发、变更和注销的，国务院旅游行政主管部门或者省级旅游行政管理部门应当在作出许可决定或者备案后 20 个工作日内向社会公告。

旅行社违法经营或者被吊销旅行社业务经营许可证的，由作出行政处罚决定的旅游行政管理部门，在处罚生效后 10 个工作日内向社会公告。

旅游者对旅行社的投诉信息，由处理投诉的旅游行政管理部门每季度向社会公告。

第四十九条 因下列情形之一，给旅游者的合法权益造成损害的，旅游者有权向县级以上旅游行政管理部门投诉：

（一）旅行社违反《条例》和本实施细则规定的；

（二）旅行社提供的服务，未达到旅游合同约定的服务标准或者档次的；

（三）旅行社破产或者其他原因造成旅游者预交旅游费用损失的。

划拨旅行社质量保证金的决定，应当由旅行社或者其分社所在地处理旅游者投诉的县级以上旅游行政管理部门作出。

第五十条 县级以上旅游行政管理部门，可以在其法定权限内，委托符合法定条件的同级旅游质监执法机构实施监督检查。

第六章　法律责任

第五十一条 违反本实施细则第十二条第三款、第二十三条、第二十六条的规定，擅自引进外商投资、设立服务网点未在规定期限内备案，或者旅行社及其分社、服务网点未悬挂旅行社业务经营许可证、备案登记证明的，由县级以上旅游行政管理部门责令改正，可以处1万元以下的罚款。

第五十二条 违反本实施细则第二十二条第三款、第二十八条的规定，服务网点超出设立社经营范围招徕旅游者、提供旅游咨询服务，或者旅行社的办事处、联络处、代表处等从事旅行社业务经营活动的，由县级以上旅游行政管理部门依照《条例》第四十六条的规定处罚。

第五十三条 违反本实施细则第三十二条的规定，旅行社为接待旅游者选择的交通、住宿、餐饮、景区等企业，不具有合法经营资格或者接待服务能力的，由县级以上旅游行政管理部门责令改正，没收违法所得，处违法所得 3 倍以下但最高不超过 3 万元的罚款，没有违法所得的，处 1 万元以下的罚款。

第五十四条　违反本实施细则第三十三条的规定，要求旅游者必须参加旅行社安排的购物活动、需要旅游者另行付费的旅游项目，或者对同一旅游团队的旅游者提出与其他旅游者不同合同事项的，由县级以上旅游行政管理部门责令改正，处 1 万元以下的罚款。

第五十五条　违反本实施细则第三十四条第二款的规定，旅行社未将旅游目的地接待旅行社的情况告知旅游者的，由县级以上旅游行政管理部门依照《条例》第五十五条的规定处罚。

第五十六条　违反本实施细则第三十五条第二款的规定，旅行社未经旅游者的同意，将旅游者转交给其他旅行社组织、接待的，由县级以上旅游行政管理部门依照《条例》第五十五条的规定处罚。

第五十七条　违反本实施细则第三十八条第二款的规定，旅行社及其导游人员和领队人员拒绝继续履行合同、提供服务，或者以拒绝继续履行合同、提供服务相威胁的，由县级以上旅游行政管理部门依照《条例》第五十九条的规定处罚。

第五十八条　违反本实施细则第四十四条的规定，未妥善保存各类旅游合同及相关文件、资料，保存期不够两年，或者泄露旅游者个人信息的，由县级以上旅游行政管理部门责令改正，没收违法所得，处违法所得 3 倍以下但最高不超过 3 万元的罚款；没有违法所得的，处 1 万元以下的罚款。

第五十九条　吊销旅行社业务经营许可证的行政处罚，由原许可的省级以上旅游行政管理部门作出。

对旅行社作出停业整顿行政处罚的，旅行社在停业整顿期间，不得招徕旅游者、签订旅游合同；停业整顿期间，不影响已签订的旅游合同的履行。

第七章　附　则

第六十条　本实施细则由国务院旅游行政主管部门负责解释。

第六十一条　本实施细则自2009年5月3日起施行。2001年12月27日国家旅游局公布的《旅行社条例实施细则》同时废止。

导游人员管理条例

第一条　为了规范导游活动，保障旅游者和导游人员的合法权益，促进旅游业的健康发展，制定本条例。

第二条　本条例所称导游人员，是指依照本条例的规定取得导游证，接受旅行社委派，为旅游者提供向导、讲解及相关旅游服务的人员。

第三条　国家实行全国统一的导游人员资格考试制度。

具有高级中学、中等专业学校或者以上学历，身体健康，具有适应导游需要的基本知识和语言表达能力的中华人民共和国公民，可以参加导游人员资格考试；经考试合格的，由国务院旅游行政部门或者国务院旅游行政部门委托省、自治区、直辖市人民政府旅游行政部门颁发导游人员资格证书。

第四条　在中华人民共和国境内从事导游活动，必须取得导游证。

取得导游人员资格证书的，经与旅行社订立劳动合同或者在导游服务公司登记，方可持所订立的劳动合同或者登记证明材料，向省、自治区、直辖市人民政府旅游行政部门申请领取导游证。

具有特定语种语言能力的人员，虽未取得导游人员资格证书，旅行社需要聘请临时从事导游活动的，由旅行社向省、自治区、直辖市人民政府旅游行政部门申请领取临时导游证。

导游证和临时导游证的样式规格，由国务院旅游行政部门规定。

第五条　有下列情形之一的，不得颁发导游证：

（一）无民事行为能力或者限制民事行为能力的；

（二）患有传染性疾病的；

（三）受过刑事处罚的，过失犯罪的除外；

（四）被吊销导游证的。

第六条 省、自治区、直辖市人民政府旅游行政部门应当自收到申请领取导游证之日起 15 日内，颁发导游证；发现有本条例第五条规定情形，不予颁发导游证的，应当书面通知申请人。

第七条 导游人员应当不断提高自身业务素质和职业技能。

国家对导游人员实行等级考核制度。导游人员等级考核标准和考核办法，由国务院旅游行政部门制定。

第八条 导游人员进行导游活动时，应当佩戴导游证。

导游证的有效期限为 3 年。导游证持有人需要在有效期满后继续从事导游活动的，应当在有效期限届满 3 个月前，向省、自治区、直辖市人民政府旅游行政部门申请办理换发导游证手续。

临时导游证的有效期限最长不超过 3 个月，并不得展期。

第九条 导游人员进行导游活动，必须经旅行社委派。

导游人员不得私自承揽或者以其他任何方式直接承揽导游业务，进行导游活动。

第十条 导游人员进行导游活动时，其人格尊严应当受到尊重，其人身安全不受侵犯。

导游人员有权拒绝旅游者提出的侮辱其人格尊严或者违反其职业道德的不合理要求。

第十一条 导游人员进行导游活动时，应当自觉维护国家利益和民族尊严，不得有损害国家利益和民族尊严的言行。

第十二条 导游人员进行导游活动时，应当遵守职业道德，着装整洁，礼貌待人，尊重旅游者的宗教信仰、民族风俗和生活习惯。

导游人员进行导游活动时，应当向旅游者讲解旅游地点的人文和自然情况，介绍风土人情和习俗；但是，不得迎合个别旅游者的低级趣味，在讲解、介绍中掺杂庸俗下流的内容。

第十三条　导游人员应当严格按照旅行社确定的接待计划，安排旅游者的旅行、游览活动，不得擅自增加、减少旅游项目或者中止导游活动。

导游人员在引导旅游者旅行、游览过程中，遇有可能危及旅游者人身安全的紧急情形时，经征得多数旅游者的同意，可以调整或者变更接待计划，但是应当立即报告旅行社。

第十四条　导游人员在引导旅游者旅行、游览过程中，应当就可能发生危及旅游者人身、财物安全的情况，向旅游者作出真实说明和明确警示，并按照旅行社的要求采取防止危害发生的措施。

第十五条　导游人员进行导游活动，不得向旅游者兜售物品或者购买旅游者的物品，不得以明示或者暗示的方式向旅游者索要小费。

第十六条　导游人员进行导游活动，不得欺骗、胁迫旅游者消费或者与经营者串通欺骗、胁迫旅游者消费。

第十七条　旅游者对导游人员违反本条例规定的行为，有权向旅游行政部门投诉。

第十八条　无导游证进行导游活动的，由旅游行政部门责令改正并予以公告，处1000元以上3万元以下的罚款；有违法所得的，并处没收违法所得。

第十九条　导游人员未经旅行社委派，私自承揽或者以其他任何方式直接承揽导游业务，进行导游活动的，由旅游行政部门责令改正，处1000元以上3万元以下的罚款；有违法所得的，并处没收违法所得；情节严重的，由省、自治区、直辖市人民政府旅游行政部门吊销导游证并予以公告。

第二十条　导游人员进行导游活动时，有损害国家利益和民族尊严的言行的，由旅游行政部门责令改正；情节严重的，由省、自治区、直辖市人民政府旅游行政部门吊销导游证并予以公告；对该导游人员所在的旅行社给予警告直至责令停业整顿。

第二十一条 导游人员进行导游活动时未佩戴导游证的，由旅游行政部门责令改正；拒不改正的，处500元以下的罚款。

第二十二条 导游人员有下列情形之一的，由旅游行政部门责令改正，暂扣导游证3至6个月；情节严重的，由省、自治区、直辖市人民政府旅游行政部门吊销导游证并予以公告：

（一）擅自增加或者减少旅游项目的；

（二）擅自变更接待计划的；

（三）擅自中止导游活动的。

第二十三条 导游人员进行导游活动，向旅游者兜售物品或者购买旅游者的物品的，或者以明示或者暗示的方式向旅游者索要小费的，由旅游行政部门责令改正，处1000元以上3万元以下的罚款；有违法所得的，并处没收违法所得；情节严重的，由省、自治区、直辖市人民政府旅游行政部门吊销导游证并予以公告；对委派该导游人员的旅行社给予警告直至责令停业整顿。

第二十四条 导游人员进行导游活动，欺骗、胁迫旅游者消费或者与经营者串通欺骗、胁迫旅游者消费的，由旅游行政部门责令改正，处1000元以上3万元以下的罚款；有违法所得的，并处没收违法所得；情节严重的，由省、自治区、直辖市人民政府旅游行政部门吊销导游证并予以公告；对委派该导游人员的旅行社给予警告直至责令停业整顿；构成犯罪的，依法追究刑事责任。

第二十五条 旅游行政部门工作人员玩忽职守、滥用职权、徇私舞弊，构成犯罪的，依法追究刑事责任；尚不构成犯罪的，依法给予行政处分。

第二十六条 景点景区的导游人员管理办法，由省、自治区、直辖市人民政府参照本条例制定。

第二十七条 本条例自1999年10月1日起施行。1987年11月14日国务院批准、1987年12月1日国家旅游局发布的《导游人员管理暂行规定》同时废止。

导游人员管理条例实施办法

第一章 总 则

第一条 为了加强导游队伍建设，维护旅游市场秩序和旅游者的合法权益，依据《导游人员管理条例》和《旅行社管理条例》，制定本办法。

第二条 旅游行政管理部门对导游人员实行分级管理。

第三条 旅游行政管理部门对导游人员实行资格考试制度和等级考核制度。

第四条 旅游行政管理部门对导游人员实行计分管理制度和年度审核制度。

第二章 导游资格证和导游证

第五条 国家实行统一的导游人员资格考试制度。经考试合格者，方可取得导游资格证。

第六条 国务院旅游行政管理部门负责制定全国导游人员资格考试的政策、标准和对各地考试工作的监督管理。

省级旅游行政管理部门负责组织、实施本行政区域内导游人员资格考试工作。

直辖市、计划单列市、副省级城市负责本地区导游人员的考试工作。

第七条 坚持考试和培训分开、培训自愿的原则，不得强迫考生参加培训。

第八条　经考试合格的，由组织考试的旅游行政管理部门在考试结束之日起30个工作日内颁发《导游人员资格证》。

获得资格证3年未从业的，资格证自动失效。

第九条　获得导游人员资格证、并在一家旅行社或导游管理服务机构注册的，持劳动合同或导游管理服务机构登记证明材料向所在地旅游行政管理部门申请办理导游证。

所在地旅游行政管理部门是指直辖市、计划单列市、副省级旅游行政管理部门以及有相应的导游规模、有相应的导游管理服务机构、有稳定的执法队伍的地市级以上旅游行政管理部门。

第十条　取得《导游人员资格证》的人员申请办理导游证，须参加颁发导游证的旅游行政管理部门举办的岗前培训考核。

第十一条　《导游人员资格证》和导游证由国务院旅游行政管理部门统一印制，在中华人民共和国全国范围内使用。

任何单位不得另行颁发其他形式的导游证。

第三章　导游人员的计分管理

第十二条　国家对导游人员实行计分管理。

国务院旅游行政管理部门负责制定全国导游人员计分管理政策并组织实施、监督检查。

省级旅游行政管理部门负责本行政区域内导游人员计分管理的组织实施和监督检查。

所在地旅游行政管理部门在本行政区域内负责导游人员计分管理的具体执行。

第十三条　导游人员计分办法实行年度10分制。

第十四条　导游人员在导游活动中有下列情形之一的，扣除10分：

（一）有损害国家利益和民族尊严的言行的；

（二）诱导或安排旅游者参加黄、赌、毒活动项目的；

（三）有殴打或谩骂旅游者行为的；

（四）欺骗、胁迫旅游者消费的；

（五）未通过年审继续从事导游业务的；

（六）因自身原因造成旅游团重大危害和损失的。

第十五条 导游人员在导游活动中有下列情形之一的，扣除8分：

（一）拒绝、逃避检查，或者欺骗检查人员的；

（二）擅自增加或者减少旅游项目的；

（三）擅自终止导游活动的；

（四）讲解中掺杂庸俗、下流、迷信内容的；

（五）未经旅行社委派私自承揽或者以其他任何方式直接承揽导游业务的。

第十六条 导游人员在导游活动中有下列情形之一的，扣除6分：

（一）向旅游者兜售物品或购买旅游者物品的；

（二）以明示或者暗示的方式向旅游者索要小费的；

（三）因自身原因漏接漏送或误接误送旅游团的；

（四）讲解质量差或不讲解的；

（五）私自转借导游证供他人使用的；

（六）发生重大安全事故不积极配合有关部门救助的。

第十七条 导游人员在导游活动中有下列情形之一的，扣除4分：

（一）私自带人随团游览的；

（二）无故不随团活动的；

（三）在导游活动中未佩戴导游证或未携带计分卡；

（四）不尊重旅游者宗教信仰和民族风俗。

第十八条 导游人员在导游活动中有下列情形之一的，扣除

2 分：

（一）未按规定时间到岗的；

（二）10 人以上团队未打接待社社旗的；

（三）未携带正规接待计划；

（四）接站未出示旅行社标识的；

（五）仪表、着装不整洁的；

（六）讲解中吸烟、吃东西的。

第十九条　导游人员 10 分分值被扣完后，由最后扣分的旅游行政执法单位暂时保留其导游证，并出具保留导游证证明，并于 10 日内通报导游人员所在地旅游行政管理部门和登记注册单位。正在带团过程中的导游人员，可持旅游执法单位出具的保留证明完成团队剩余行程。

第二十条　对导游人员的违法、违规行为除扣减其相应分值外，依法应予处罚的，依据有关法律给予处罚。

导游人员通过年审后，年审单位应核销其遗留分值，重新输入初始分值。

第二十一条　旅游行政执法人员玩忽职守、不按照规定随意进行扣分或处罚的，由上级旅游行政管理部门提出批评和通报，本级旅游行政管理部门给予行政处分。

第四章　导游人员的年审管理

第二十二条　国家对导游人员实行年度审核制度。导游人员必须参加年审。

国务院旅游行政管理部门负责制定全国导游人员年审工作政策，组织实施并监督检查。

省级旅游行政管理部门负责组织、指导本行政区域内导游人员年审工作并监督检查。

所在地旅游行政管理部门具体负责组织实施对导游人员的年审工作。

第二十三条 年审以考评为主，考评的内容应包括：当年从事导游业务情况、扣分情况、接受行政处罚情况、游客反映情况等。考评等级为通过年审、暂缓通过年审和不予通过年审三种。

第二十四条 一次扣分达到10分，不予通过年审。

累计扣分达到10分的，暂缓通过年审。

一次被扣8分的，全行业通报。

一次被扣6分的，警告批评。

暂缓通过年审的，通过培训和整改后，方可重新上岗。

第二十五条 导游人员必须参加所在地旅游行政管理部门举办的年审培训。培训时间应根据导游业务需要灵活安排。每年累计培训时间不得少于56小时。

第二十六条 旅行社或导游管理服务机构应为注册的导游人员建立档案，对导游人员进行工作培训和指导，建立对导游人员工作情况的检查、考核和奖惩的内部管理机制，接受并处理对导游人员的投诉，负责对导游人员年审的初评。

第五章 导游人员的等级考核

第二十七条 国家对导游人员实行等级考核制度。导游人员分为初级、中级、高级、特级四个等级。

第二十八条 初级导游和中级导游考核由省级旅游行政管理部门或其委托的地市级旅游行政管理部门组织评定；高级导游和特级导游由国务院旅游行政管理部门组织评定。

第二十九条 由省部级以上单位组织导游评比或竞赛获得最佳称号的导游人员，报国务院旅游行政管理部门批准后，可晋升一级导游等级。

导游等级评定标准和办法由国务院旅游行政管理部门另行制定。

第六章 附 则

第三十条 本办法自2002年1月1日起施行。

第三十一条 本办法由国家旅游局负责解释。

旅行社质量保证金赔偿试行标准

第一条 为了维护旅游者的合法权益，根据《旅行社管理条例》和《旅行社质量保证金赔偿暂行办法》及有关法律、法规制定本赔偿试行标准。

第二条 因旅行社的故意或过失未达到合同约定的服务质量标准，造成旅游者经济损失的，旅行社应承担赔偿责任。

第三条 由于不可抗力因素或旅游者本身原因造成旅游者经济损失的，旅行社不承担赔偿责任。

第四条 旅行社收取旅游者预付款后，因旅行社的原因不能成行，应提前三天（出境旅游应提前七天）通知旅游者，否则应承担违约责任，并赔偿旅游者已交预付款10%的违约金。

第五条 因旅行社过错造成旅游者误机（车、船），旅行社应赔偿旅游者的直接经济损失，并赔偿经济损失10%的违约金。

第六条 旅行社安排的旅游活动及服务档次与协议合同不符，造成旅游者经济损失，应退还旅游者合同金额与实际花费的差额，并赔偿同额违约金。

第七条 导游未按照国家或旅游行业对客人服务标准的要求提供导游服务的，旅行社应赔偿旅游者所付导游服务费用的2倍。

第八条 导游违反旅行社与旅游者的合同约定，损害了旅游者的合法权益，旅行社应对旅游者进行赔偿。

1. 导游擅自改变活动日程，减少或变更参观项目，旅行社应退还景点门票、导游服务费并赔偿同额违约金。

2. 导游违反约定，擅自增加用餐、娱乐、医疗保健等项目，旅行社承担旅游者的全部费用。

3. 导游违反合同或旅程计划，擅自增加购物次数，每次退还旅游者购物价款的 20%。

4. 导游擅自安排旅游者到非旅游部门指定商店购物，所购商品系假冒伪劣商品，旅行社应赔偿旅游者的全部损失。

5. 导游私自兜售商品，旅行社应全额退还旅游者购物价款。

6. 导游索要小费，旅行社应赔偿被索要小费的 2 倍。

第九条　导游在旅游行程期间，擅自离开旅游团队，造成旅游者无人负责，旅行社应承担旅游者滞留期间所支出的食宿费等直接费用，并赔偿全部旅游费用的 30% 违约金。

第十条　旅行社安排的餐厅，因餐厅原因发生质价不符的，旅行社应赔偿旅游者所付餐费的 20%。

第十一条　旅行社安排的饭店，因饭店原因低于合同约定的等级档次，旅行社应退还旅游者所付房费与实际房费的差额，并赔偿差额 20% 的违约金。

第十二条　旅行社安排的交通工具，因交通部门原因低于合同约定的等级档次，旅行社退还旅游者所付交通费与实际费用的差额，并赔偿差额 20% 的违约金。

第十三条　旅行社安排的观光景点，因景点原因不能游览，旅行社应退还景点门票、导游费并赔偿退还费用 20% 的违约金。

第十四条　其他损害旅游者合法权益的，国家法律、法规已作规定的，按有关法律、法规处理。

第十五条　在旅游过程中发生质量问题，组团社应先行赔偿旅游者的损失。

第十六条　旅行社在旅游质量问题发生之前已采取以下措施的，可以减轻或免除其赔偿责任。

1. 对旅游质量和安全状况已事先对旅游者给予充分说明、提醒、劝诫、警告的。

2. 所发生的质量问题是非故意、非过失或无法预知或已采取了预防性措施的。

3. 质量问题发生后，已采取了善后处理措施的。

第十七条 国家旅游局负责保证金赔偿标准的发布、修订和解释。

第十八条 本标准自发布之日起试行。国家旅游局1995年7月1日下发的《旅行社质量保证金赔偿试行标准》（旅办发〔1995〕046号）同时废止。